体がすべて楽器です！

楽しい
ボディパーカッション

1

リズムで遊ぼう

山田俊之　著

音楽之友社

●もくじ

まえがき

「パン！」(手拍子)、「タン！」(おなか打ち)、「パチン！」(ひざ打ち)、「ドン」(足踏み)……。ボディパーカッションは、楽器がなくても音符や歌が苦手でも、体全体で楽しむことができるリズム表現です。ここに収めたのは、その「ボディパーカッション」に初めて取り組む人のための「リズム遊び」や「リズム・アンサンブル」の教材集です。

感動を呼ぶ音楽にはさまざまな表現手段がありますが、私は「人間の体」を「楽器」として音楽を創ることに長い間取り組んできました。なぜなら、体から生まれるリズムの魅力や意外性に気づき、子どもたちと活動を続けるうちに、その成果に驚かされたからです。

子どもたちはみな音楽が大好きです。よちよち歩きの赤ちゃんでも、音楽が鳴りだすと体全体でリズムを取ろうとします。ところが次第に年齢を重ねると、そんな音楽的本能とでもいうべきものから遠ざかってしまう人が多いような気がして残念です。

したがって本書は、主に学校の先生方に使っていただくことを想定して執筆しましたが、年齢を問わずすべての人々を対象に活用していただけることを願ってまとめました。やさしい「リズム遊び」からスタートしていますので、幼児教育の場でも活かしていただけると思います。また、障害のある方々や高齢者の方々にも楽しんでいただけると信じています。

掲載した内容は、すべて私自身が実践して効果的だったものばかりです。また、「やさしく」「分かりやすく」を心がけましたので、「音楽が苦手」という指導者の方々にも十分に活用していただけると思います。

リズム遊びを始めると、いつの間にか心が解放されていきます。そして、ボディパーカッションは、リズム表現の楽しさ、アンサンブルのおもしろさ、共に生きる喜びを体験できる音楽です。本書に掲載した「花火」バージョン2や「手拍子の花束」バージョン3などは、高校の吹奏楽部の生徒や大学の演劇コースの学生さんも積極的に取り組んでくれます。このボディパーカッションが、音楽に対する愛好心や感動を分かち合えるきっかけになれば、これほど嬉しいことはありません。

音楽教育・表現教育・障害児教育・生涯学習・音楽療法などさまざまな場で幅広く活用していただけることを願っています。どうぞ、「ボディパーカッション」をあなたの心と体で体感してみてください。

山田俊之

第1章

リズム遊び

1 ハンカチリズム（1）

身近にあるものを使った楽しい遊びです。用意するものはハンカチ１枚！　この遊びは、そのハンカチをただ回すだけですが、参加者はそのハンカチの回し方に合わせて、強さを変えたり速さを変えたりしながら拍手をします。指導者の動きに対する、参加者の集中力が高まります。

遊び方

指導者はハンカチを片方の手に取り、それを頭上で回しましょう。参加者はそれを見て、ハンカチが回っている間だけ拍手を続け、指導者がハンカチをさっと下げたら拍手をやめるようにします。回す時間は、最初は５秒間ぐらいがいいでしょう。そして、しだいに回す時間を短くしていきます。この動作に慣れてきたら、強さや速さに変化をつけて、さまざまなパターンを楽しみましょう。

大きく回すと *ff*

小さくまわすと *pp*

ポイント

◎動作を止めたら拍手を止めることを徹底させましょう。
◎大きく回す────→ *ff*（強弱を表す）
◎小さくまわす────→ *pp*（強弱を表す）
◎速くまわす────→速く打つ（テンポを表す）
◎遅く回す────→遅く打つ（テンポを表す）

２ ハンカチリズム（２）

これもハンカチを使った遊びです。ここでは、ハンカチを頭上に投げ上げて手からハンカチが離れている間だけ、全員が拍手をします。単純なようですが、これも意外なほど参加者の集中力が高まります。

遊び方

指導者は手にしたハンカチを頭上に投げ上げて、それを再び手でキャッチする間、全員が拍手を続けるようにします。この時、ハンカチを投げ上げる高さによって、拍手の時間をさまざまに変化させてください。その動作に慣れてきたら、時々ハンカチを投げ上げる振りをしてフェイントをかけると、このリズム遊びがよりいっそう盛り上がるでしょう。

ハンカチを投げる高さを工夫する

ポイント

◎事前にハンカチを投げ上げる練習をしておきましょう。
◎高く投げる――→長い拍手
◎低く投げる――→短い拍手
◎フェイント――→投げる振りをして投げない

❸ 手回しリズム

片手を頭よりも高く上げ、腕や手首など回転させ、参加者はその回転に合わせて拍手をするという遊びです。その回転の仕方を変化させると、ハンカチリズムに比べ、より音楽的な表現ができるでしょう。

遊び方

指導者が上げて回す手の回転に合わせて、参加者は拍手を続けます。腕全体を回すと *ff* 、ひじから上だけの時は *f*、手首だけの時は *p* 、指だけの時は *pp* という具合に強弱を決めてやると、その組み合わせでさまざまな音楽表現が楽しめます。また、ここでもフェイントを取り入れると、より集中力が高まります。

腕全体を回すと *ff*

ひじから回すと *f*

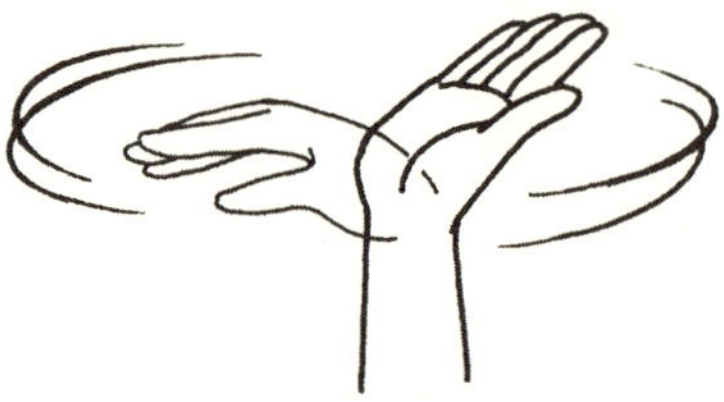

手首から回すと *p*

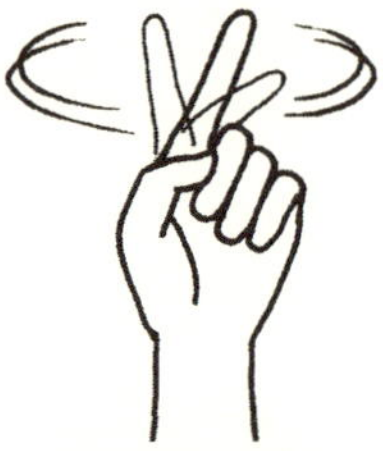

指を回すと *pp*

ポイント

◎腕全体を回す ―――→ *ff*

◎ひじから回す ―――→ *f*

◎手首から回す ―――→ *p*

◎指を回す ―――→ *pp*

4 お手上げリズム

手を使った遊びの中ではいちばん簡単なものです。指導者が手を上げている間、参加者は拍手を続けます。単純なようですが、これまでの遊び以上に参加者の集中力が要求されます。

遊び方

指導者は参加者全体の意識が自分に向いていることを確認し、タイミングよく素早く手を上げ、それに合わせて参加者は拍手を続けます。手を上げている時間は、２秒以上がよいでしょう。また、ここでも手を上げる振りをして上げなかったり、手の代わりに足を上げるなどのフェイントを加えるとより楽しくなるでしょう。

手を上げる時ははっきりと上げる

足を上げるなどのフェイントは効果的

指導のポイント

◎手を上げる時は分かりやすくはっきりと上げる。
◎手を上げたらすぐには下ろさない（２秒以上が目安）。
◎足を上げるなどのフェイントを効果的に加える。

5 手合わせリズム

これまでは拍手を続けるリズム遊びでしたが、ここでは指導者の両腕が交差した瞬間だけ、参加者が１回手拍子をするというリズム遊びです。これも参加者の集中力が要求される遊びです。

遊び方

指導者は両腕を前方に伸ばし、左右の腕をそれぞれ反対に上下に動かします。その時、ある１点で両腕は交差しますが、その時に参加者は手拍子を１回打つようにします。最初はゆっくり何度か行い、その後しだいにテンポを上げていくとよいでしょう。慣れてきたら、テンポを上げていき両腕が交差する間隔を短くし、最後は会場全体が拍手に包まれるようにします。そして最後に、大きく両腕を交差し、１回大きな拍手で動きを止めます。

この遊びを何度か繰り返したら、三三七拍子（譜例）のようなリズムを参加者と作って遊ぶと、バリエーションが楽しめます。

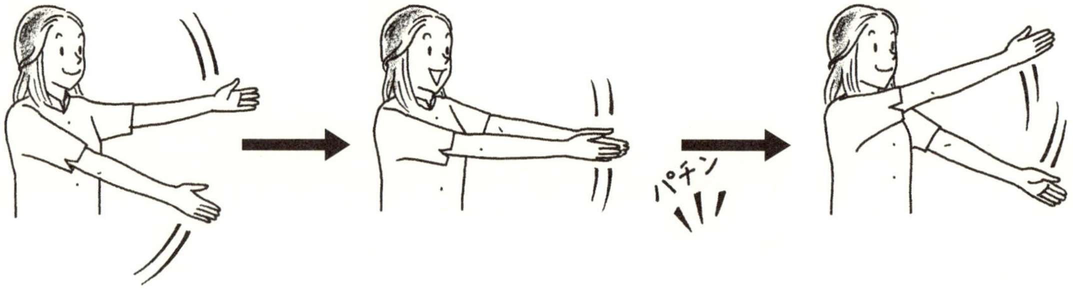

休み（𝄽）の時に「ヨッ!」などの合の手を入れると場が盛り上がるでしょう。

指導のポイント

◎全員に分かりやすく手を交差させましょう（位置は胸のあたり）。

◎慣れたら譜例のような楽しいリズムをみんなで作ってみましょう。

6 おちたおちたリズム

これは手拍子に言葉とポーズを加えたリズム遊びです。指導者が例えば「りんご」とか「げんこつ」とかある物の名前を言って、それが落ちた時にどんなポーズをするのかを事前に決め、指導者の言った物に合わせてポーズを表現します。

遊び方

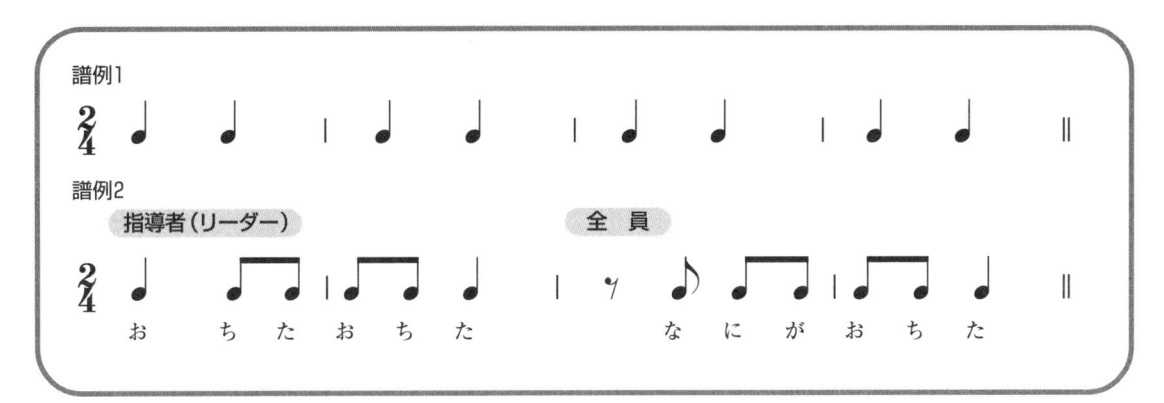

最初に、落ちる物を一つあるいは複数を指定し、次にその時のポーズを決めます。ポーズが決まったら、全員で**譜例1**のように手拍子を打ちながらテンポをそろえ（♩ = 120 ～ 140）、指導者はその手拍子に合わせて**譜例2**のように「おーちたおちた」と言いましょう。そして全員がそれに応えるように、「なにがおちた」と言います。そのやり取りが終わったら、指導者はすぐに物の名前を言い、全体でそのポーズを取ります。ポーズは12ページのようにさまざまなパターンが考えられますので、いろいろなアイデアで楽しんでください。

譜例1

譜例2

指導者（リーダー）
全　員
お　ち　た　お　ち　た
な　に　が　お　ち　た

指導者（リーダー）
全　員
お　ち　た　お　ち　た
な　に　が　お　ち　た

（「おちた　おちた」 髙橋良和 作詞　本多鉄麿 作曲）

指導のポイント

◎手拍子でリズムを取って全員の気持ちを一つにすることが目的です。ポーズを間違えてもかまいませんので、楽しく行ってください。遊びですが、拍の流れにのる練習にもなります。

遊び方（ポーズ）の例

りんごやみかん

体の前に両手を差し出す
（りんごなどをもらうつもりで）

げんこつ

頭を両手で押さえる

カミナリ

おへそを両手で押さえる

あめだま

口を開けて上を向く

おなら

鼻をつまむ

お金

手か足でかくす

おばけ

両手で目をふさぐ

石ころ

指をさす

「まねっこリズム」で遊ぼう

これまでの「リズム遊び」は、指導者の指示に従って拍手や手拍子をする遊びでした。ここから紹介するのは、指導者の打つリズムを参加者がまねをして応えるという「リズム模倣」、いわゆる「オウム返し」のリズム遊びなので、「まねっこリズム」と名づけました。ここでは子どもたちが最も喜んだ「まねっこリズム」の応用パターンをいくつか紹介しましょう。そして、ここから少しずつボディパーカッションの要素を取り入れていきます。

また「まねっこリズム」は、さまざまなリズム遊びが展開できるとともに、さまざまなリズム・パターンを理解するきっかけにもなります。さらに、このリズム遊びは幼児から高齢者、そして障害がある方まで楽しめます。

「まねっこリズム」の基本的な遊び方

指導者が最初に、例えば**譜例1**のように4拍子のリズムを打ちます。参加者にはそのリズムをまねて手拍子で打ち返してもらいます。この時、慣れるまでは**譜例2**のように必ず1拍目からリズムを打ち始め、反対に4拍目は、参加者が「まねっこ」（オウム返し）をしやすいように必ず休みを入れます。

指導者がリズムを打つ場合は、手拍子の他にスティックを打ち合わせたり、あるいは小太鼓やタンブリンなどを使ってもよいでしょう。

なお、このリズム遊びは指導者1人が全員を相手にして行う「基本形（A）」と、参加者の中から何人かリーダーを選び、その複数のリーダーが順番に打つリズムを全員がまねをする、「基本形（B）」などの方法があります。

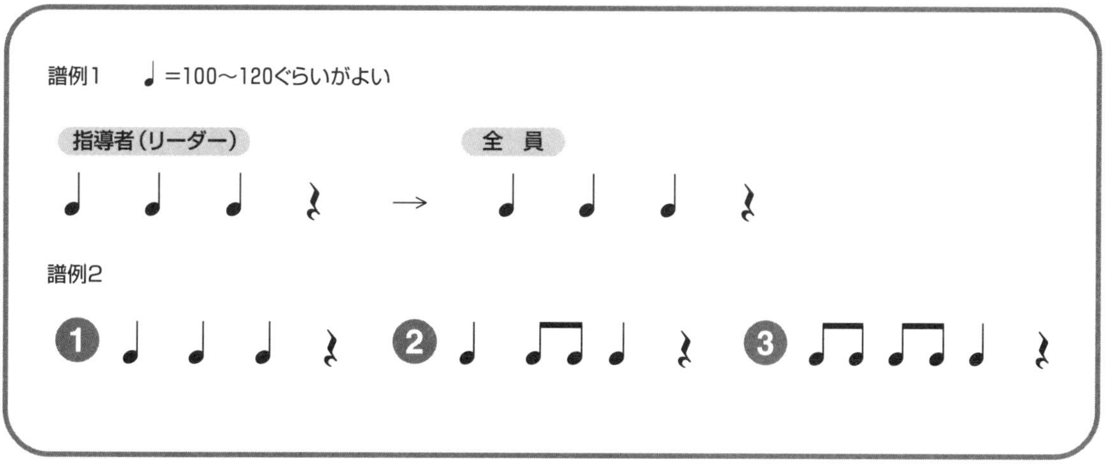
譜例1　♩＝100～120ぐらいがよい
指導者（リーダー）
全　員
譜例2
1
2
3

「基本形（A）」の遊び方

「指導者１人」が「全員」を相手にする基本形（A）を使って、たくさんのリズム・パターンを経験しましょう。基本的な指導法は、**譜例３**を手拍子で何度も行い、「まねっこリズム」の感覚を身につけさせます。この練習で注意することは、拍の流れにのって、次のリズムへの移行をリ

譜例3

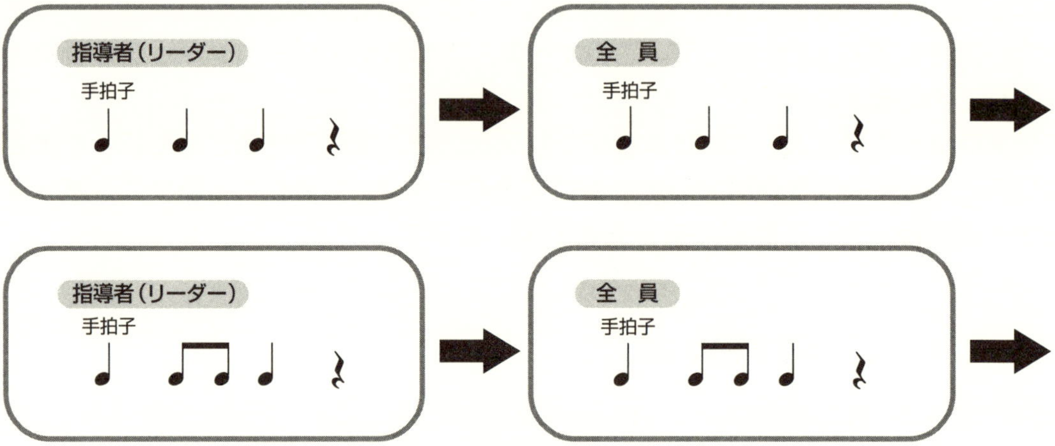

できるだけリズミカルに行います

ズミカルにスムーズに行うことと、手拍子の多少のズレにはあまり神経質にならないようにすることです。

このような練習で「まねっこリズム」が身についたら、**譜例4**にあるようなさまざまなリズムも手拍子で楽しんでみましょう。

これになれたら、16ページのイラストにあるような体全体を使ったボディパーカッションで、17～19ページの「まねっこリズム」の「基本リズム・パターン譜例集（1）～（3）」をやってみましょう。

譜例4

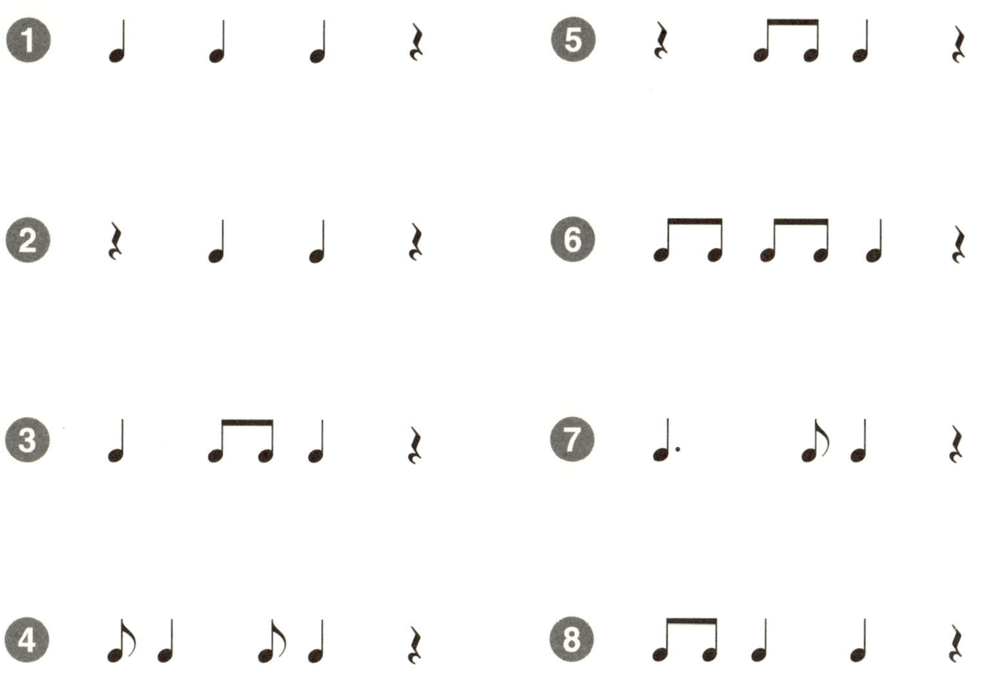

ボディパーカッションでやってみましょう

①おなかを叩く

②ひざを叩く

（ふとももあたりを叩きます）

③すねを叩く

④胸を叩く

⑤足踏み

⑥おしりを叩く

⑦両手を交差して肩を叩く

⑧ジャンプする

※①〜④と⑥⑦は、両手で叩く方法と左右交互に叩く方法があります。初めての人は、両手打ちからやってみましょう。

「まねっこリズム」基本リズム・パターン譜例集(1)

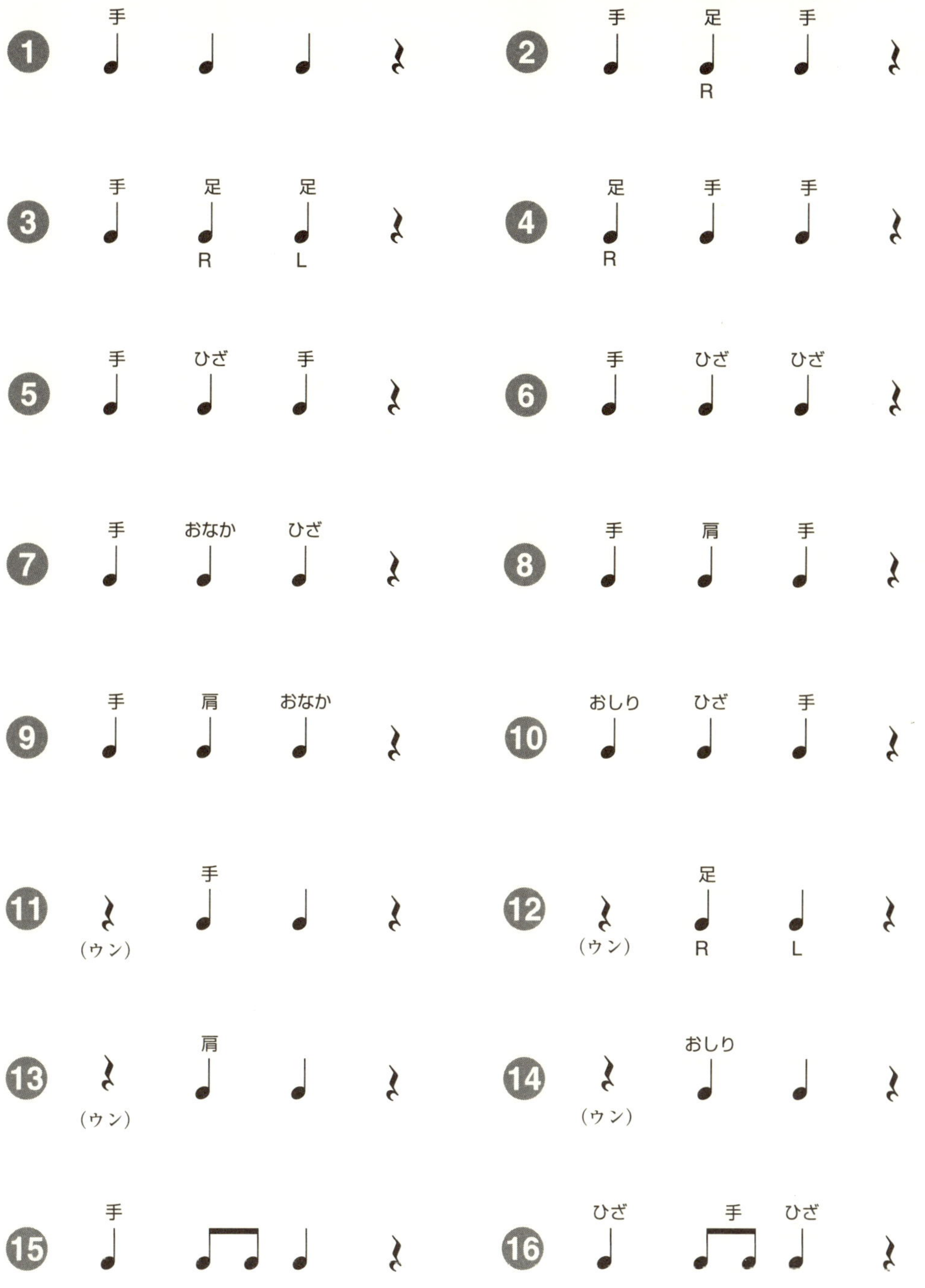
1
手
2
手 足 手
R
3
手 足 足
R L
4
足 手 手
R
5
手 ひざ 手
6
手 ひざ ひざ
7
手 おなか ひざ
8
手 肩 手
9
手 肩 おなか
10
おしり ひざ 手
11
手
(ウン)
12
足
(ウン)
R L
13
肩
(ウン)
14
おしり
(ウン)
15
手
16
ひざ 手 ひざ

※ RLの指示がないものは、両手打ちです。RとLを逆にしても構いません。

「まねっこリズム」基本リズム・パターン譜例集(2)

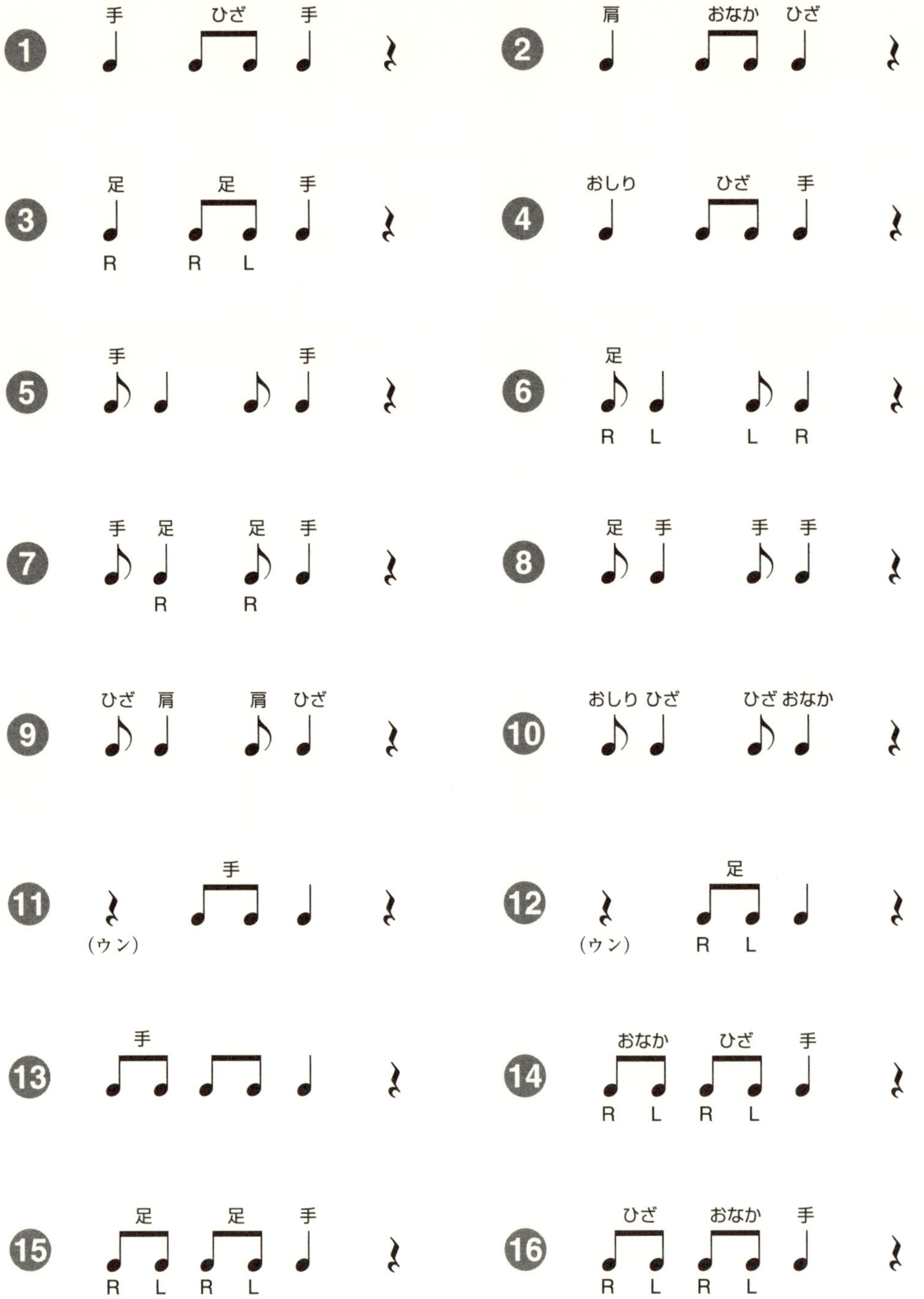
1 手 ひざ 手
2 肩 おなか ひざ
3 足 足 手
R R L
4 おしり ひざ 手
5 手 手
6 足
R L L R
7 手 足 足 手
R R
8 足 手 手 手
9 ひざ 肩 肩 ひざ
10 おしり ひざ ひざ おなか
11 手
(ウン)
12 足
(ウン) R L
13 手
14 おなか ひざ 手
R L R L
15 足 足 手
R L R L
16 ひざ おなか 手
R L R L

※ RLの指示がないものは、両手打ちです。RとLを逆にしても構いません。

「まねっこリズム」基本リズム・パターン譜例集(3)

※ RLの指示がないものは、両手打ちです。RとLを逆にしても構いません。

応用リズム・パターンにチャレンジ

ここからは、リズムが少し複雑な応用パターンになります。また、4拍目が休みにならないリズム・パターンも出てきます。

まず、**譜例5**を手拍子で何度も行い応用パターンに慣れましょう。この時に注意することは、参加者は集中して指導者のリズムを聞き取らないと「まねっこリズム」ができないということです。指導者は、そのことを十分に参加者に伝えましょう。

譜例5に慣れたら、次は21～22ページの「まねっこリズム」の「応用リズム・パターン譜例集（1）～（2）」をやってみましょう。

譜例5

「まねっこリズム」応用リズム・パターン譜例集(1)

※ RLの指示がないものは、両手打ちです。RとLを逆にしても構いません。

「まねっこリズム」応用リズム・パターン譜例集（2）

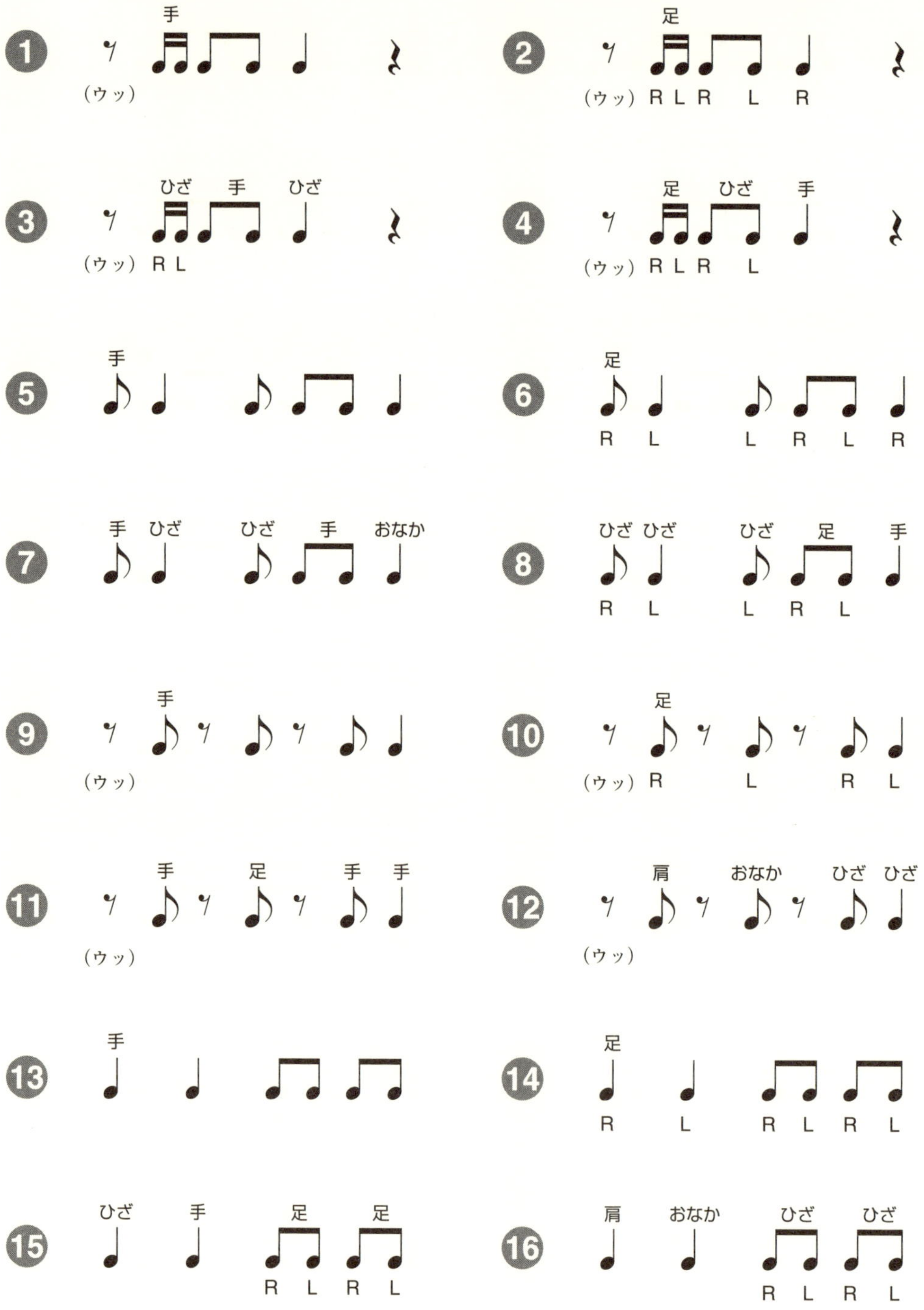

※ 以上のリズム・パターンは補助として利用してください。自由な発想を大切に。

参加者の中からリーダーを選ぶ「基本形（B）」の遊び方

ここでは参加者の中から複数のリーダーを選び、そのリーダーが作ったリズムを順にまねる「まねっこリズム」の遊び方を紹介します。

リーダーの１人が、自分で作ったリズムと動作を全員に伝え、それをみんなでまねをします。そして全員のリズムの流れがなるべく途切れないように、次のリーダーが自分で作ったリズムを全員に伝えます。これをリーダーの数だけ繰り返します（リーダー①→全員→リーダー②→全員→リーダー③→全員→……）。

ここでリーダーに要求されるのは、全員に分かりやすく伝えるために動作を大きくすることです。また、リーダーの作るリズムや動作は、音が出ない動作（例えば両腕を上下に振る）でも、リズムを感じられるものであればかまいません。

ボディパーカッションはリズム表現の宝庫

たった9種類の叩き方で729通りも！

これまで、手拍子やボディパーカッションを用いた「まねっこリズム」を紹介してきました。その中で用いたのは手拍子と、16ページにある8種類のボディパーカッション（おなかを叩く、ひざを叩く、すねを叩く、胸を叩く、足踏み、おしりを叩く、両手を交差して肩を叩く、ジャンプする）、あわせて9種類でした。

ここでみなさんに、少し考えていただきましょう。

例えば、15ページで一度紹介した譜例ですが、下の**譜例6**にある①のような単純なリズムがあったとします。このリズムを、これまで体験した9種類のボディパーカッションを組み合わせ

譜例6

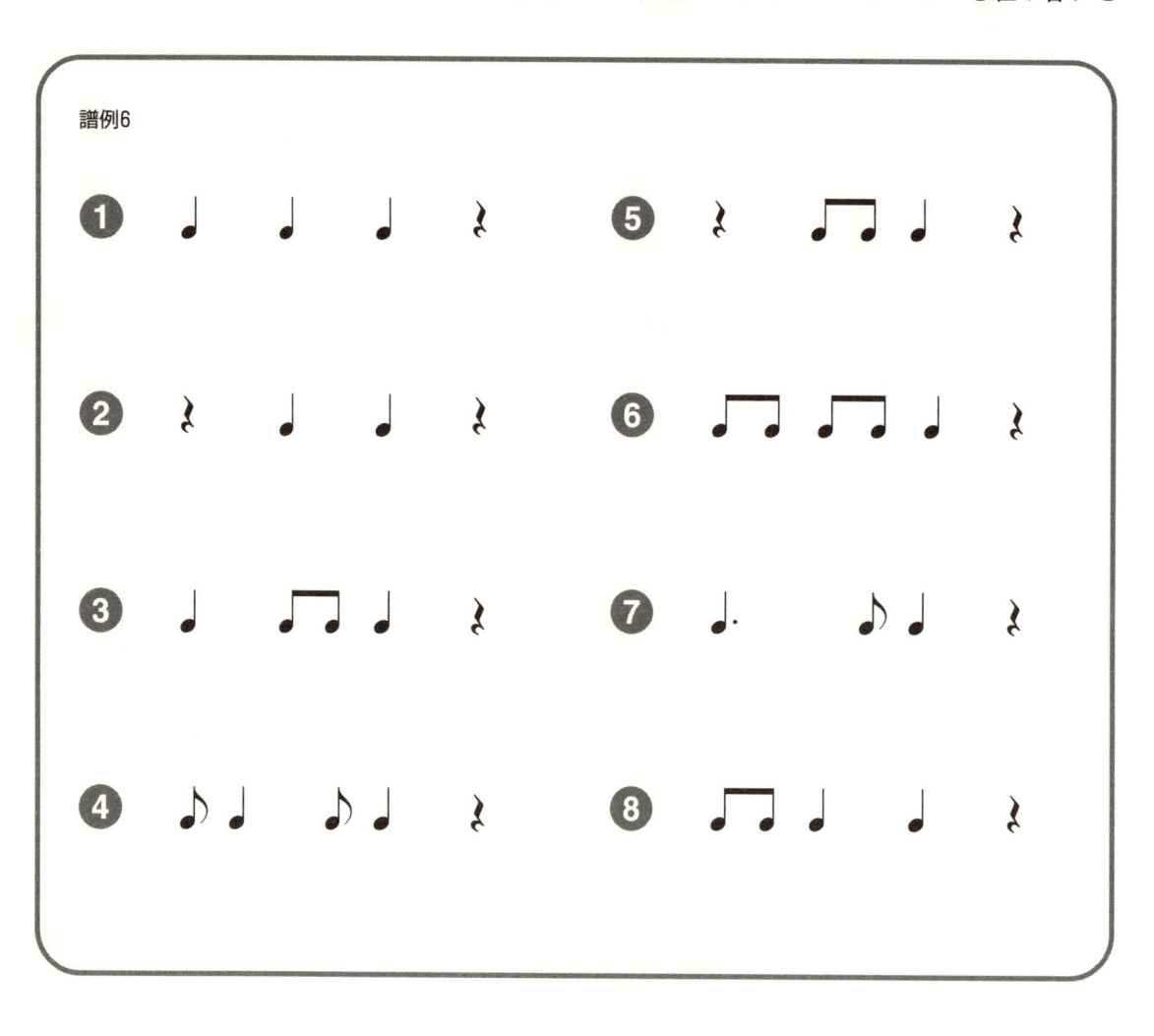

て表現すると、いったい何種類のやり方があるでしょうか。

この単純なリズムを見ると、そんなに種類があるようには思えませんね。しかし実際には、数学の「順列と組み合わせ」を使って解くと、何と729通りの叩き方ができるのです。つまり、4分音符1つで9種類のボディパーカッションが楽しめますから、4分音符が3個あるのでその数は＜9×9×9＝729＞となります。さらに**譜例6**の②〜⑧を加えたら、そのパターンは天文学的な数字になってしまうのです。

みなさん、信じられますか？　たかが「まねっこリズム」。されど「まねっこリズム」なのです。「ボディパーカッション」は奥が深いのです！

楽しく自然に……

このように、「まねっこリズム」は1小節（4拍）のスーパーボックスです。それは、リズム表現としての“ボディパーカッション”の無限の可能性を感じさせてくれます。みなさんもそのことを、十分感じていただけたと思います。

しかしいちばん重要なことは、さまざまな種類のボディパーカッションを多彩に表現することではなく、参加者が“リズム表現として楽しく拍の流れを感じる”ことです。むりな動作（表現）は避けて、“自然にリズムが打てる”ことを心がけてください。

「まねっこリズム」は、さまざまな遊び方が工夫できます。26ページから31ページに紹介した遊び方を参考にして、リズムに親しみましょう。

7 まねっこリズムリレー

円形に並んだ参加者が交代でリーダーとなり、リーダーになった人が即興で打ったリズムを全員でまねるリズム遊びです。リーダーが次々に変わるので、一度にたくさんのリズム表現を楽しむことができるでしょう。

遊び方

参加者はお互いの姿がよく見える位置に立ちます。そして最初のリーダーと、リーダーになる順番が右回りになるか左回りになるかを決めましょう。それらが決まったら、メトロノームでテンポ決めます。そして最初のリーダーは、そのテンポをよく聞いてから即興でリズムを打ち、それを全員でまねをしましょう。

例えば6人いたなら、リーダー①→5人全員→リーダー②→5人全員→リーダー③→5人全員→リーダー④→5人全員→リーダー⑤→5人全員→リーダー⑥→5人全員、という具合です。

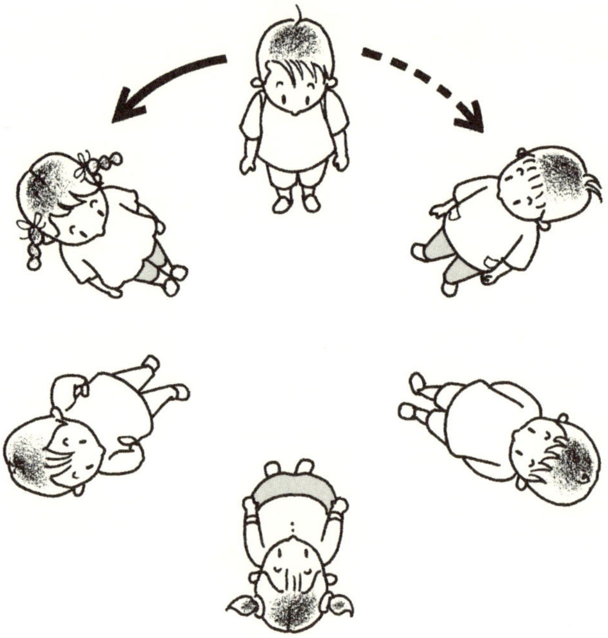

指導のポイント

◎リズムがうまくつながらなくても、リズムが打てたら認めましょう。

◎リズムを思い付かなかった人には、♩ ♩ ♩ 𝄽 と打ってもらい、流れが止まらないようにしましょう。

◎リズムにのってやることが大切です。そして、うまくできたらほめてあげましょう。

❽ まねっこ伝言リズムリレー

参加者が一直線に並び、交代でリーダーになった人が即興でリズムを打ち、それを全員がまねるリズム遊びです。リーダーの打つ姿がよく見えないので、音により集中してリズムをリレーすることになります。

遊び方

最初にリーダーになった人は、全員に聞こえるようにリズムを打ちましょう。リーダー以外の人は、そのリズムを集中力を働かせて聞き取り、まねをしましょう。

例えば6人いたら、リーダー①→5人全員→リーダー②→……リーダー⑥→5人全員、という具合にリーダーを交替しながら、まねっこリズムをつないでいきます。

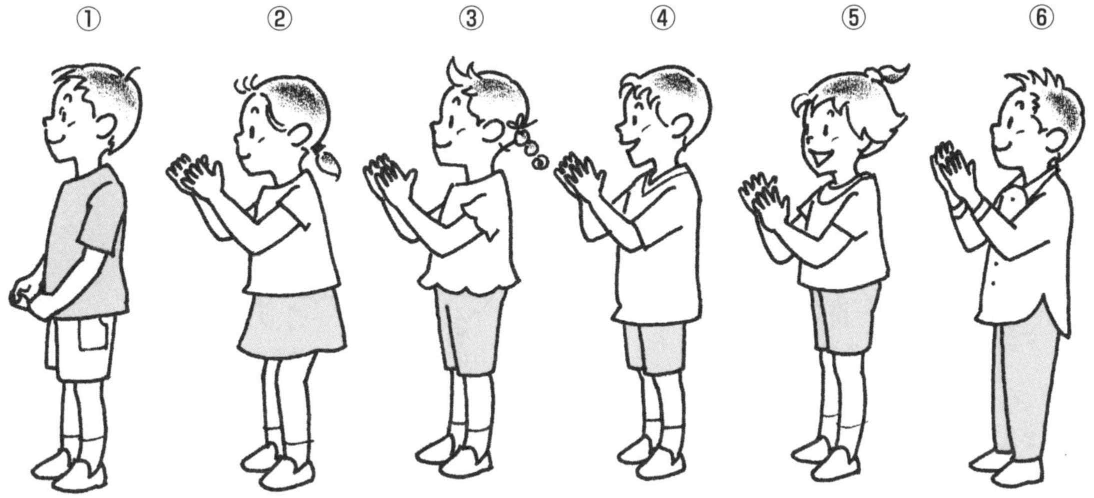

指導のポイント

◎音に集中することの大切さを、プレイする人に伝えましょう。

◎リーダーは大きな音で打つようにしましょう。

◎上手になってきたら、拍の流れを体で感じるためにメトロノームを使ってテンポを決めてやってみましょう。

⑨ まねっこリズムトルネード

これは「7 まねっこリズムリレー」と同じく、参加者が交代でリーダーとなり、リーダーになった人は即興でリズムを打ち、それを全員でまねるリズム遊びです。ただしこれは、縦に何列か並んだ状態で行います。リーダーが交代する順番は図にある通りですが、竜巻きのようにリーダーが交代していくことから“トルネード”という名前をつけました。

遊び方

列の端から順にリーダーになり、全体を相手にリズムを打ちましょう。そして最後の人が、終わったところで遊びは終わります。リーダー①→全員→リーダー②→全員→リーダー③→全員→リーダー④→全員→……→リーダー㉕→全員、という具合です。簡単なようですが、リレーが長いので最後までスムーズにいかないので、失敗した人のサポートは上手にしましょう。

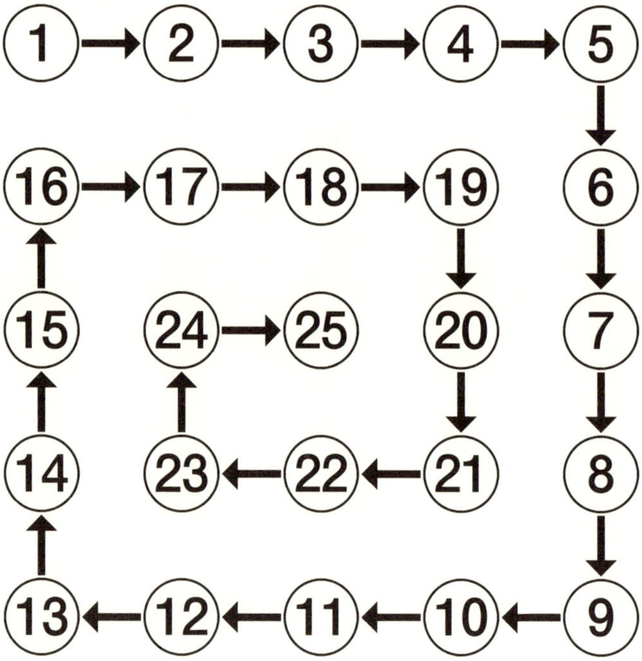

このリズム遊びをより盛り上げるために、最後のリーダーのリズムを先に決めて、それをみんなで覚えておきましょう。そして決めたリズムが流れたら、タイミングを合わせてみんなで「ヤアッ！」とかけ声をかけて終わってみましょう。

指導のポイント

◎うまくできない人のサポートを忘れないようにしましょう。
◎最後までいったら、ほめてあげましょう。
◎メトロノームのテンポに合わせてできるよう、目標を持たせましょう。

10 まねっこリズムストンピング

これまでは手拍子や手で体を打つなど、手を使って音を出してきました。しかしここでは音の出し方を変えて、手は一切使わずに足踏みだけでリズム遊びを行います。

遊び方

手拍子の代わりに足踏みで行うリズム遊びですから、これまで紹介してきたリズム・パターンや遊び方をそのまま使うことができます。ただし、弱い音を出すのが難しいですから、音に強弱をつけにくくなります。そこでつま先やかかとなどを使って、音の強弱を工夫してみましょう。

なお、足踏みは大きな音や振動を出すので、行う場所にはくれぐれも気をつけてください。

指導のポイント

◎底の薄い上履きなどで行うとかかとやひざにかなり負担がかかるので、長時間行わないでください。

◎底の厚いスポーツシューズなどを履いて行いましょう。

11 まねっこチューリップリズム

これも足踏みと同じく、打ち方を変えて行う「まねっこリズム」です。手拍子や体を打って出す音は大きくて強弱をはっきりつけやすいのですが、ここで使う手拍子は手首のところをつけてチューリップの花のような形で行います。

遊び方

このリズム遊びは、手首をつけた状態ながら手拍子で行うのですから、足踏みと同じようにこれまで紹介してきたリズム・パターンや遊び方をそのまま使うことができます。ただし、打つ音が手拍子や足踏みに比べて極端に小さいので、リーダーの音を聞くための集中力が必要となります。

指導のポイント

◎顔の前で分かりやすく叩きましょう。

◎音も動作も小さいので、集団の集中力をつけるのに有効です。

12 まねっこリズムマッチ

このリズム遊びは、その名が示す通り２人が「まねっこリズム」で勝負する対戦ゲームです。リズムを交互に打って勝ち負けを判定するので、かなり高度なリズム遊びといえます。

遊び方

Ａ・Ｂの２名が向き合うように立ちます。そしてＡが繰り出す創作リズムをＢが“まねっこ”し、次にＢが繰り出す創作リズムをＡが“まねっこ”します。このやり取りをテンポよく繰り返し、どちらかのリズムが止まるか、あるいは以前打ったものと同じリズムを打った方が負けとなります。判定は指導者が行います。

上手になってきたらメトロノーム（♩=100～140）を使ってやってみましょう。また、トーナメント方式で行うと、より面白くなるでしょう。

指導のポイント

◎ルールはリズムが止まるか、以前打ったものと同じリズムを打つと負けです。

◎長く続く場合は、５回ずつとか 10 回ずつで判定しましょう。

13「みなさんリズム」で遊ぼう

「みなさんリズム」は、これまでやってきた「まねっこリズム」遊びと同じ形式ですが、指導者（リーダー）と全員が問答形式（コール＆レスポンス）によって、即興的に作りあげたリズムをまねていきます。また、「まねっこリズム」は１小節のリズムを一まとまりととらえてきましたが、「みなさんリズム」では２小節（８拍）のリズムを一つのまとまりととらえて行います。

さらに「みなさんリズム」では、指導者が手拍子の他におなかやひざを打ったり足踏みをしたりしながらリズムを即興で作っていきます。つまり、体全体を使ってリズム表現をするのです。この「みなさんリズム」が、実はボディパーカッションの原形になりました。また、「みなさんリズム」は問答形式を取っていることからも理解できるように、参加者の発達段階や技能に応じたリズムを打つことができるので、幼児から大人まで幅広い年齢層の人たちが楽しむことができるでしょう。

遊び方

指導者はイラストのように、参加者全員から見える位置に立ち（または椅子に座り）ます。

(1) 全員に元気よく呼びかけてみましょう

最初に、参加者全員に向かい「みーなーさん（問いかけ）」と呼びかけ、呼びかけと同じような調子（リズム）で元気に「なんですか（応答）」と応えるように指示してから始めてみましょう。

この時点でリズム打ちはしていませんが、実はすでにリズムの問答が始まっているのです。

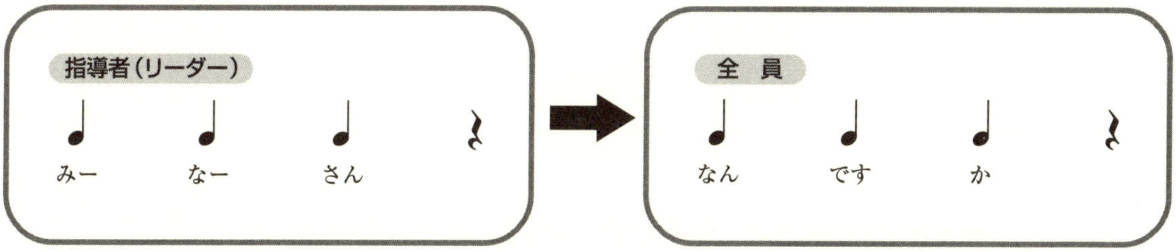

指導者（リーダー）
みー
なー
さん
全　員
なん
です
か

元気に呼びかけるように言いましょう　　元気に同じように応えましょう

(2) いよいよ創作リズムの問答です

参加者の気持ちが一つになったところで、いよいよ「こんな・こっと・こんな・こっと｜でっき・まっす・か・（ウン）」と、拍の流れを感じながら２小節で一まとまりの問いかけをしてみましょう。最後の（ウン）は、参加者が応答しやすいように１拍休みにします。

この問いかけを行いながら、同時に即興でまずは簡単なリズム、例えば「タン・（ウン）・タン・（ウン）｜タン・タン・タン・（ウン）」と手拍子を添えてみましょう。

指導者（リーダー）
こんな
こっと
こんな
こっと
でっき
まっす
か

指導者の呼びかけに対して、参加者は同じリズムを感じながら「こんな・こっと・こんな・こっと｜でっき・まっす・よ」と応えると同時に、指導者の打った手拍子をまねて打ち返します。

全 員
こんな
こっと
こんな
こっと
でっき
まっす
よ

このように、参加者と楽しくリズムのやり取りをしましょう。また、このような導入の時期は、例にあげたリズムや次の譜例のように、とにかく簡単なリズムだけにしておきましょう。

指導者（リーダー）
こんな
こっと
こんな
こっと
でっき
まっす
か

ボディパーカッションでやってみましょう

「みなさんリズム」のコツをつかんだところで、いよいよボディパーカッションを組み合わせてやってみましょう。

35 ページの譜例は手拍子の他に、おなかや足踏みなどを加えて行う場合の例です。この時も、もちろん「こんな・こっと・こんな・こっと｜でっき・まっす・か・（ウン）」といいながら行います。なお、音符の上にある「手」は手拍子、「おなか」や「胸」はおなかと胸をそれぞれ打つことを、「足」は足踏みすることを表しています。

さらに、これらの方法に加えて肩を叩いたりジャンプをしたり、あるいはおしりを叩くなどのコミカルな動きを取り入れると、例えば 8 拍の単調な流れの上にさまざまなリズム表現が生まれます。みなさんもこれらを上手に組み合わせて、オリジナリティあふれるボディパーカッションを展開させてください。

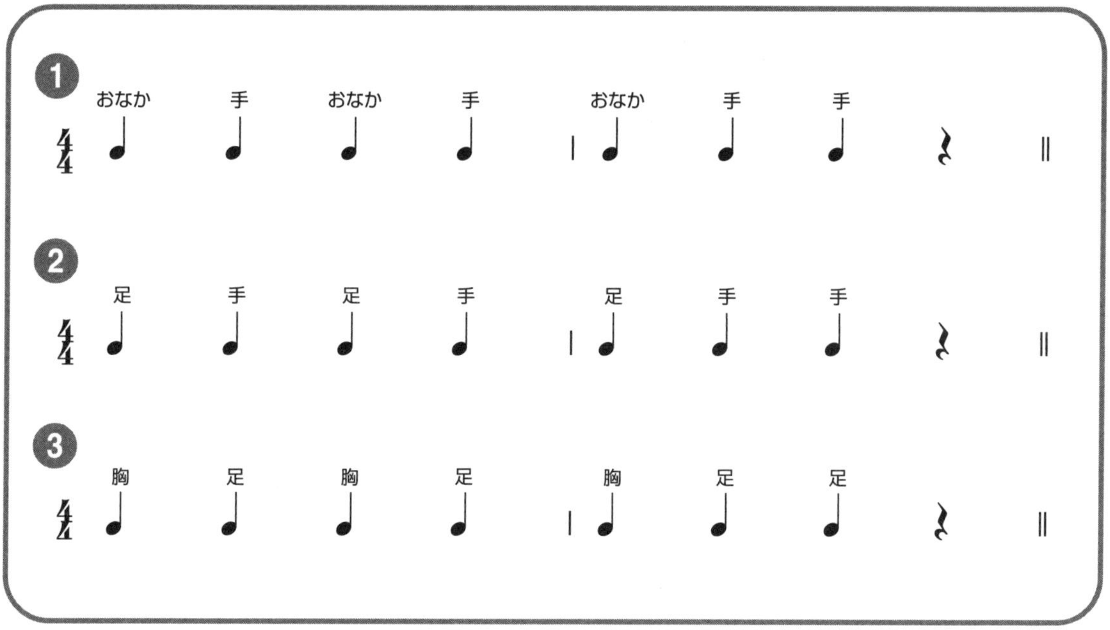
1
おなか 手 おなか 手 おなか 手 手
4/4
2
足 手 足 手 足 手 手
4/4
3
胸 足 胸 足 胸 足 足
4/4

「みなさんリズム」は心と心を結ぶリズム遊び

「みなさんリズム」をする時に、不思議に思うことがよくあります。それは、指導者（リーダー）が「みーなーさん」と呼びかける声や表情が、それに応える参加者全員に実によく伝わるということです。ですから、このリズム遊びを始める時には指導者の方は、「このリズム遊びは楽しいよ！」という気持ちを込めて、“元気よく大きな声”で「みーなーさん」と呼びかけてください。

その瞬間から、全体の雰囲気が明るくなりますよ。

指導のポイント

◎最初は簡単なリズムから入りましょう。

◎8拍目は応答をしやすいように休みを入れましょう。

◎ボディパーカッションで行う場合は、全員がむりなくできる組み合わせで行いましょう。

「みなさんリズム」の
バリエーション

演奏者の個性を引き出しましょう

次に、「みなさんリズム」のさまざまなバリエーションを紹介します。

バリエーション、つまりアドリブをするというのは即興演奏ですが、ここに演奏者の個性が顕著に現れてきます。ですから、これから紹介するバリエーションの譜例には、おなかやひざを打つという指示を入れていますが、これはあくまでも参考例と考えてください。おなかの位置がひざになったり肩になったり、打つ回数が少し増えたりしてもまったく問題はありません。それが、参加者の個性を表現することにつながるからです。そして、参加者の心を大きく開かせる要因にもなるのです。

「みなさんリズム」はボディパーカッションの準備運動

そのような意味からも、この「みなさんリズム」はボディパーカッションを行う前に、準備運動として行ってください。そうすることで、参加者（子ども）の心とからだがリラックスします。また、「みなさんリズム」を何度も繰り返し行うことで、参加者にはアドリブ演奏の力が身についてきます。それが第３章に掲載した「花火」バージョン２や「手拍子の花束」バージョン３のアドリブ演奏に大変役立ちます。

いちばん最後（39ページ）に、「みなさんリズム」の流れを示しておきましたので、それを参考にしながら楽しく行ってください。なお「個人」とあるのは、指導者ばかりではなく参加者の中から誰かを指名してもよいし、希望者にお願いしてもかまわないという意味です。

バリエーション（1）

1

手
手
ひざ
ひざ
手

2

手
胸
手
胸
足
足
手

3

手
手
手
手
おなか
おなか
おなか

4

足
足
足
足
足
R
L
R
L
R

5

手（頭上で）
手（ひざの所）

バリエーション(2)

1

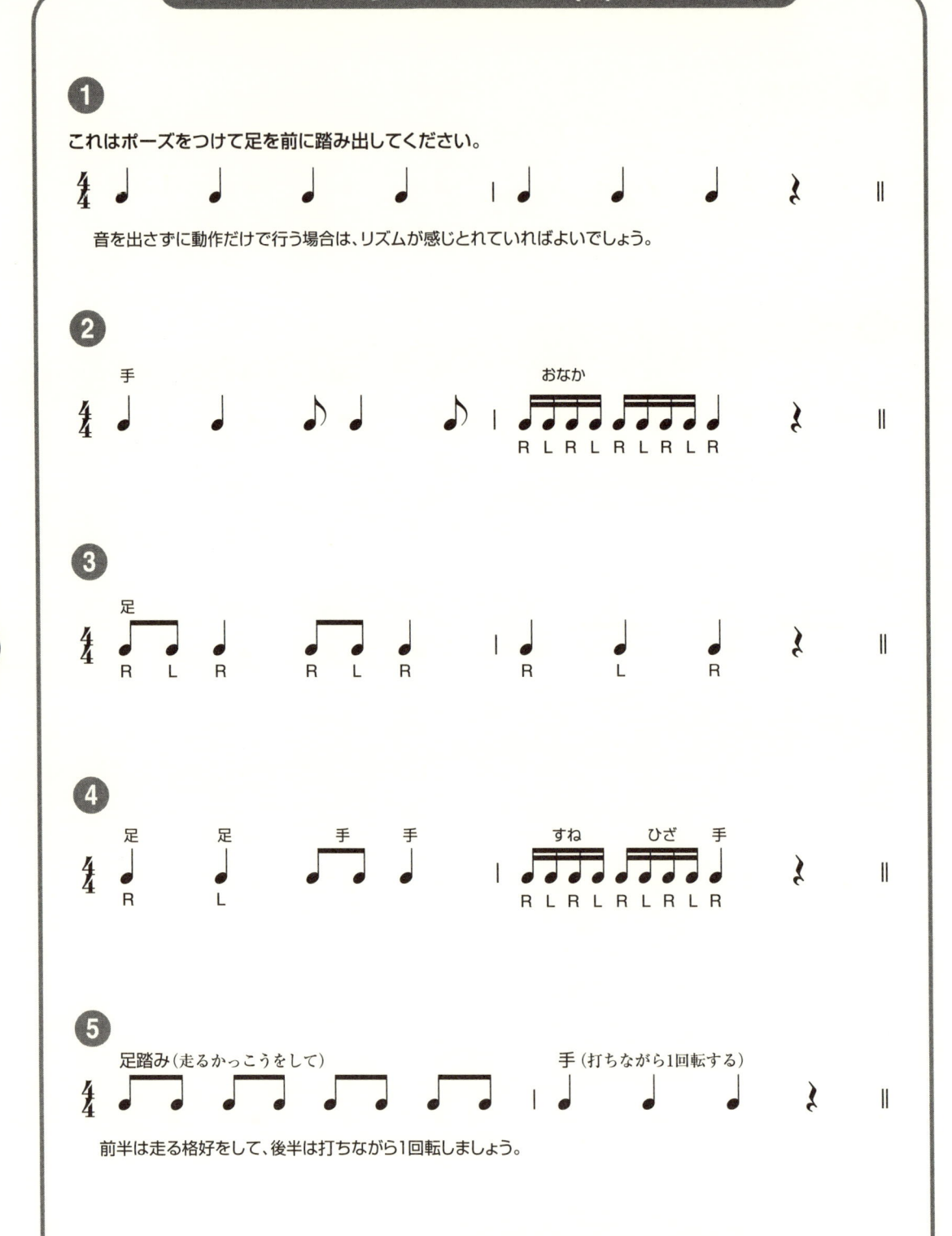

これはポーズをつけて足を前に踏み出してください。

音を出さずに動作だけで行う場合は、リズムが感じとれていればよいでしょう。

2

手
おなか
R L R L R L R L R

3

足
R L R R L R R L R

4

足 足 手 手 すね ひざ 手
R L R L R L R L R L R

5

足踏み(走るかっこうをして)
手(打ちながら1回転する)

前半は走る格好をして、後半は打ちながら1回転しましょう。

「みなさんリズム」の流れ

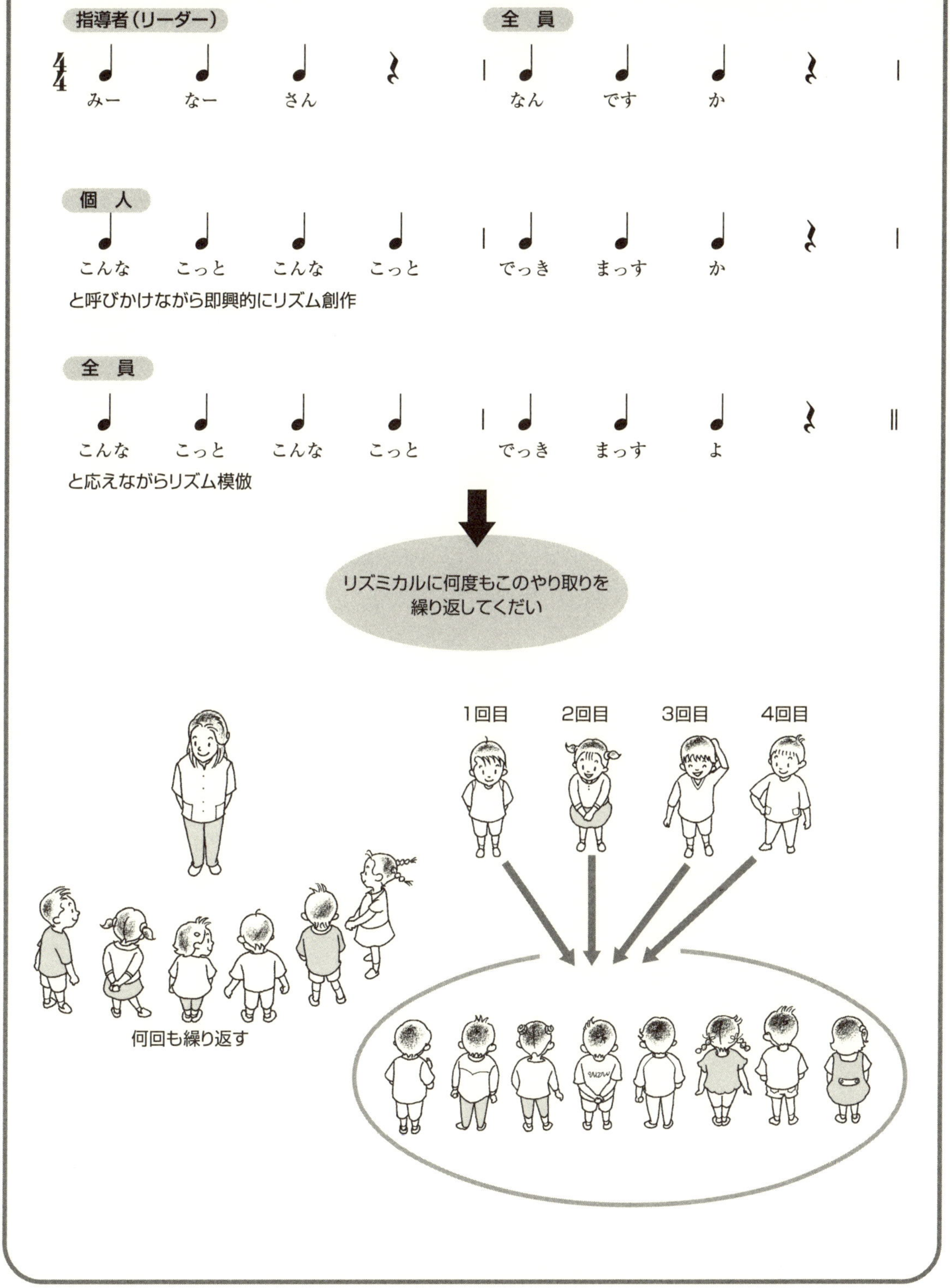

指導者（リーダー）
全員
みー　なー　さん
なん　です　か
個人
こんな　こっと　こんな　こっと
でっき　まっす　か
と呼びかけながら即興的にリズム創作
全員
こんな　こっと　こんな　こっと
でっき　まっす　よ
と応えながらリズム模倣
リズミカルに何度もこのやり取りを
繰り返してください
何回も繰り返す
1回目
2回目
3回目
4回目

第2章

歌に合わせた
リズム遊び

1 歌に合わせたリズム遊び

ボディパーカッションは、単独でリズム表現を楽しむだけではありません。器楽や歌など、さまざまな音楽と共演できるというすぐれものなのです。そこで、ここではいちばん身近な“歌”と楽しく共演するための、ボディパーカッションを使ったリズム伴奏法を紹介しましょう。

遊び方

身近にある、誰もが知っているリズミカルな曲を選びましょう。選んだら、その曲を歌いながら、ボディパーカッションでリズム伴奏をつける準備をします。

ところで、選んだ曲の楽譜をよく見ると2拍子だったり3拍子だったり、あるいは4拍子だったりと、いろいろな拍子がありますね。そこで最初にすることは、例えば2拍子の曲だから「ウン・タン｜ウン・タン」とやろうとか、3拍子だから「ウン・タン・タン｜ウン・タン・タン」とやろうとか、あるいは4拍子だから「ウン・タン・タン・タン｜ウン・タン・タン・タン」とやろうとか、その曲全体のリズム伴奏はどうしたらよいかを決めることです。ただし、このリズム伴奏はあくまでも歌の補助的な手段ということを忘れないでください。

その曲のリズム伴奏が決まったら、今度はそのリズムを体のどの位置を叩いて表現するか、イラストにあるような手拍子、足踏み、ひざ打ち、指チップ（大きな音が出なくてもよい）などの組み合わせを考えましょう。それが決まったところで、実際の演奏に入りましょう。

2拍子系・4拍子系のパターン

では、「おうま」を歌いながら2拍単位と4拍単位の二通りの伴奏をやってみましょう。

基本パターン

①最初は、2拍のまとまりをつかむために、手拍子と指チップです。
②次は足踏みと手拍子を使って、2拍のまとまりをつかみます。

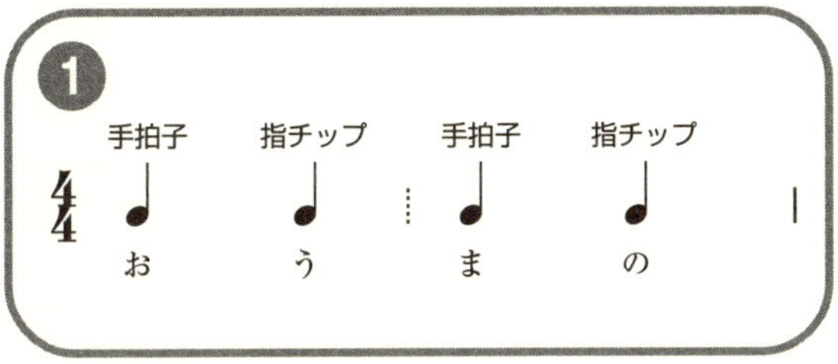
1
手拍子
指チップ
手拍子
指チップ
お
う
ま
の

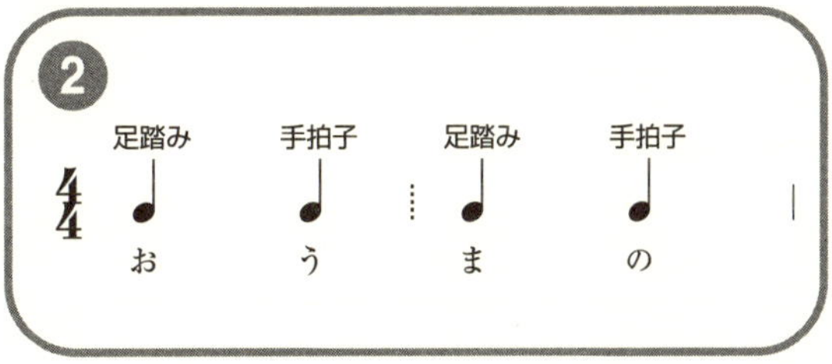
2
足踏み
手拍子
足踏み
手拍子
お
う
ま
の

応用パターン

2拍のまとまり（2拍子）がつかめるようになったら、4拍を一まとまりにとらえて伴奏です。やり方は、これまでの手拍子、指チップ、足踏みに、両手でひざを打つ動作を加えます。これらの動作が4拍の流れにのって、スムーズにできるようにしましょう。

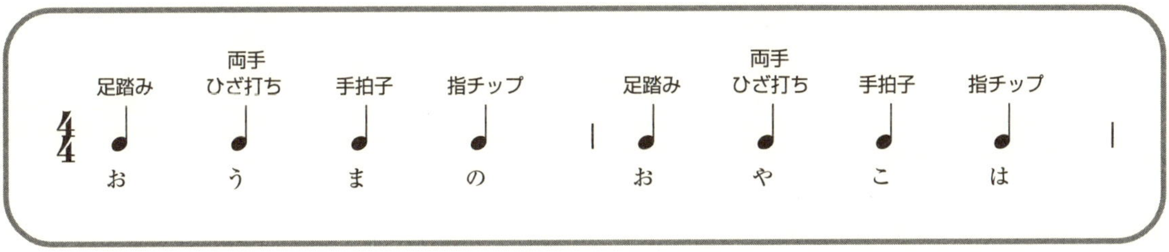
足踏み
両手
ひざ打ち
手拍子
指チップ
足踏み
両手
ひざ打ち
手拍子
指チップ
お
う
ま
の
お
や
こ
は

おうま

林　柳波　作詞
松島　彝　作曲

♩= 112 ぐらい
お う ま の お や こ は な か よ し こ よ し
い つ で も い っ しょ に ぽっ く り ぽっ く り あ る く

3拍子系のパターン

基本パターン

3拍子と聞くとすぐに3種類の打ち方を考えますが、最初は3拍子のリズムに慣れるためにも2種類の打ち方だけにします。そして3拍子のリズムを体で感じ取ることが大切です。「かっこう」を歌いながら、リズム伴奏をやってみましょう。

①両手ひざ打ちと手拍子です。これは、座って歌う時にやりやすいパターンです。

②足踏みと手拍子です。足踏みを強くやろうとすると、上手に歌えませんから気をつけましょう。

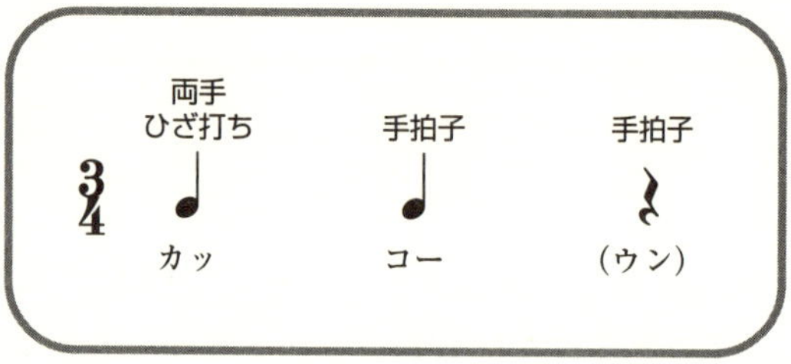
両手
ひざ打ち
手拍子
手拍子
カッ
コー
（ウン）

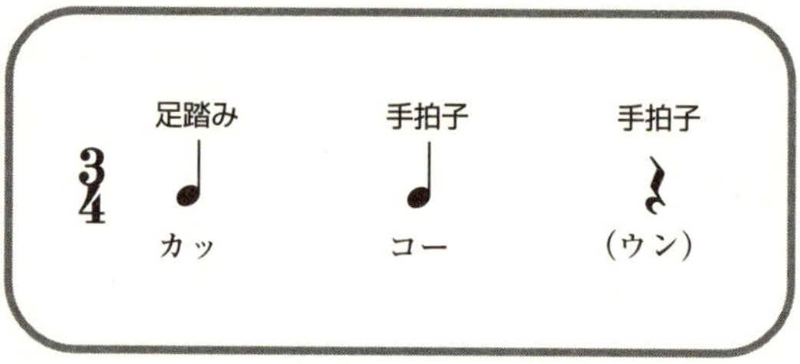
足踏み
手拍子
手拍子
カッ
コー
（ウン）

かっこう

小林純一　作詞
ドイツ民謡

♩= 112〜120 ぐらい
C
mf
G7 C G7 C
1. 2. カッ コー カッ コー し ず か に
G7
mp
C
よ ん で る よ き り の な か
な い て る よ も り の な か
mf
G7 C G7 C
ほう ら ほう ら か あ さ ん
ほう ら ほう ら あ さ だ よ

応用パターン

次は３種類の打ち方を使い分けて伴奏をしてみましょう。ただし、２拍子系・４拍子系などと同じように、３種類の打ち方を組み合わせるとどうしても伴奏に気をとられてしまい、歌を消してしまうことがあります。あくまでも歌のリズム伴奏なので、歌とリズム伴奏の音量のバランスに配慮してください。

①ひざ打ち、手拍子、指チップのパターンです。

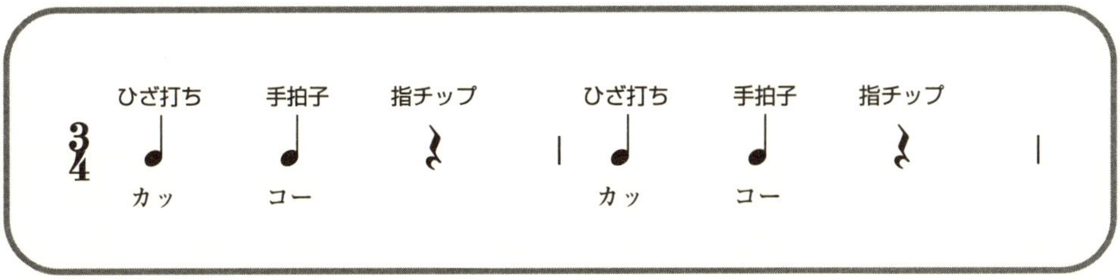

②足踏み、ひざ打ち、手拍子のパターンです。

指導のポイント

「歌に合わせたリズム遊び」のポイントをまとめてみましょう。

◎できるだけリズミカルな曲を選びましょう。

◎リズム打ちはあくまでも歌を歌うための補助的な手段です。

◎むりなく歌え打てる打ち方を選びましょう。

「あんたがたどこさ」に挑戦しましょう

今までは、単調な拍子の曲を取り上げました。ここでは、これまでやったリズム伴奏が１曲の中にすべて含まれているという、よく知られているわらべうたの「あんたがたどこさ」にチャレンジしましょう。２拍子と３拍子、そして４拍子（２拍子＋２拍子）のリズム・フレーズが感じられる部分が含まれています。楽譜の上の数字が拍のまとまりを表しています。

あんたがたどこさ

わらべうた
♩.=104ぐらい
1—2 1—2 1—2 1—2—3
手拍子 指チップ 手 指 手 指 ひざ打ち 手 指
あんたがたどこさ ひごさ ひごどこさ
1—2—3 1—2 1—2 1—2
ひざ 手 指 手 指 手 指 手 指
くまもとさ くまもとどこさ せんばさ
1—2—3—4 1—2—3—4
足踏み ひざ 手 指 足 ひざ 手 指
せんばやまにはたぬきがおってさ
それをりょうしがてっぽうでうってさ
1—2 1—2 1—2
手 指 手 指 手 指
にてさ やいてさ くってさ
1—2—3—4 1—2—3—4
足 ひざ 手 指 足 ひざ 手 指
それをこのはでちょっとかぶせ
（ちょいとかくせ）

※ $\frac{6}{8}$拍子は2拍子系のリズム、$\frac{9}{8}$は3拍子系のリズムです。

2 ボイスパーカッションで歌の伴奏をしてみよう

ボイスパーカッションは、打楽器の音色とリズムをボイス（声）で模倣することを意味します。ここでは、ドラムセットの刻むリズムをボイス（声）でまねてやってみましょう。体を叩いて音を出すわけではないですが、広義にはボディパーカッションの一種と言えるでしょう。実際にやるとみなのってくれるはずです。

遊び方

ドラムセットはハイハット・シンバルやシンバル、スネアドラム、ベースドラムなどから成っています（48ページ参照）。ここでは、その中でも基本的なリズムを刻むハイハット・シンバル、スネアドラム、ベースドラムをボイスでやってみます。

最初に、全員を3つのパートに分けます。1パートはハイハット・シンバル、2パートはスネアドラム、3パートはベースドラムを担当します。

次はそれぞれのパートがどのリズムを担当するか決めます。そして、前項で説明したように2拍子系や4拍子系、3拍子系などの曲があるので、例えば2拍子系の曲なら、譜例のようにその拍子にふさわしいリズムを作りましょう。

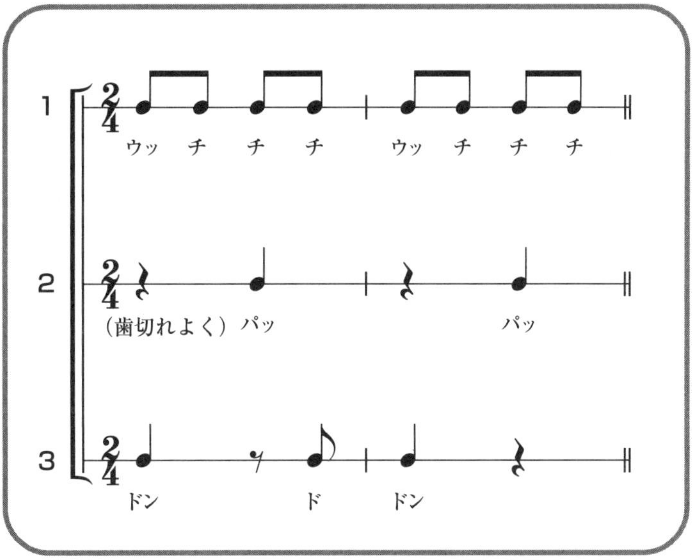

リズムが決まったら、この3つのパートによるリズム・アンサンブルが、あたかもドラムセットを演奏しているかのように聞こえてくるまで練習し、うまくできるようになったら歌と一緒にアンサンブルを楽しみましょう。

指導のポイント

◎3つのパートとも同じ拍を感じてそれぞれのリズムを言えるようにしましょう。

◎3つのパートの音量バランスに気をつけましょう。

◎あくまでも歌の伴奏であることを忘れないようにしましょう。

3 いろいろなリズム伴奏を体験しよう

ボイスパーカッションの次は、ボディパーカッションで世界のさまざまなリズムを体験してみましょう。歌の伴奏はもちろんのこと、リズム・アンサンブルとしても十分に楽しめます。

遊び方

チャレンジしてみようというリズムが決まったら、全員を手拍子、足踏み、ひざ打ち、おなか打ちなどのパートに分け、あたかも1つのドラムセットになったかのような気分でそのリズムを楽しみます。

ここでは、ひざ打ち、手拍子、足踏みの3つのパートによる世界のリズムを紹介しておきます。最後には、日本の伝統的な和太鼓のリズムをアレンジした譜例を紹介しておきましたので、日本のリズムも楽しんでください（49ページ～52ページ）。

トップ・シンバル
タムタム
サイド・シンバル
ハイハット・シンバル
スネアドラム
フロアタム
ベースドラム（バスドラム）

指導のポイント

◎一つのアンサンブルになるようにお互いのリズムを聞き合いましょう。
◎譜例のリズム遊びになれるまでは、パートが増えても複雑なリズムは避けましょう。
◎ドラムセット見せたり音を聞かせるとイメージがふくらむでしょう。
◎世界のリズムを事前に聞いてからやると、大きく盛り上がるでしょう。

ボサノバ

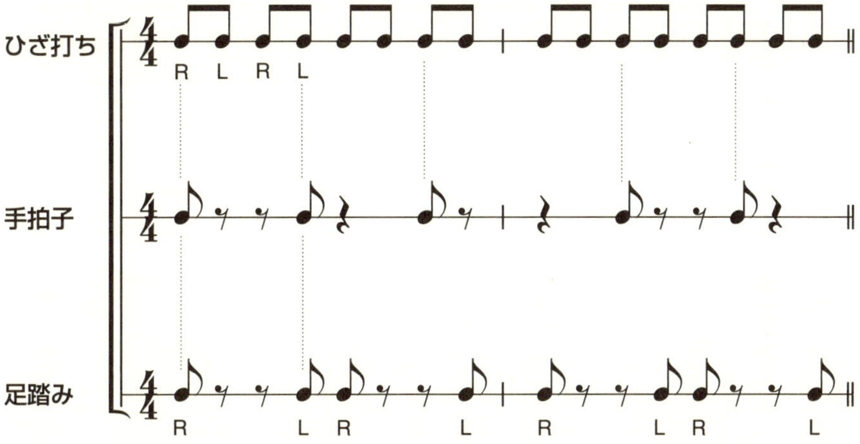

ひざ打ち
R L R L
手拍子
足踏み
R L R L R L R L

サンバ

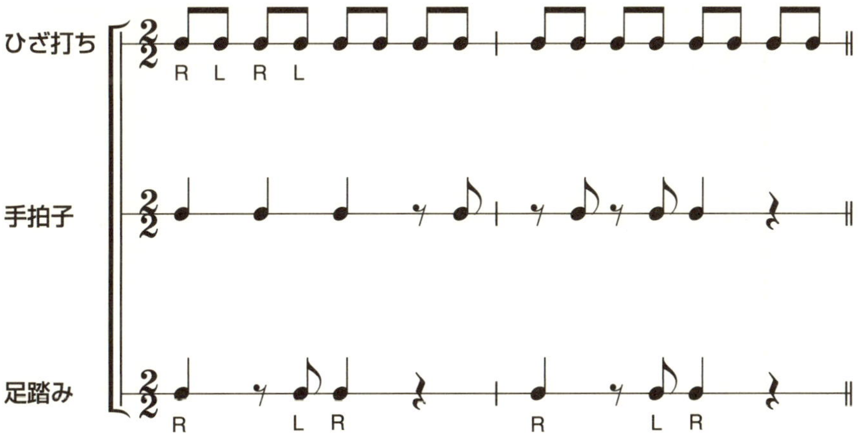

ひざ打ち
R L R L
手拍子
足踏み
R L R R L R

ロック　1

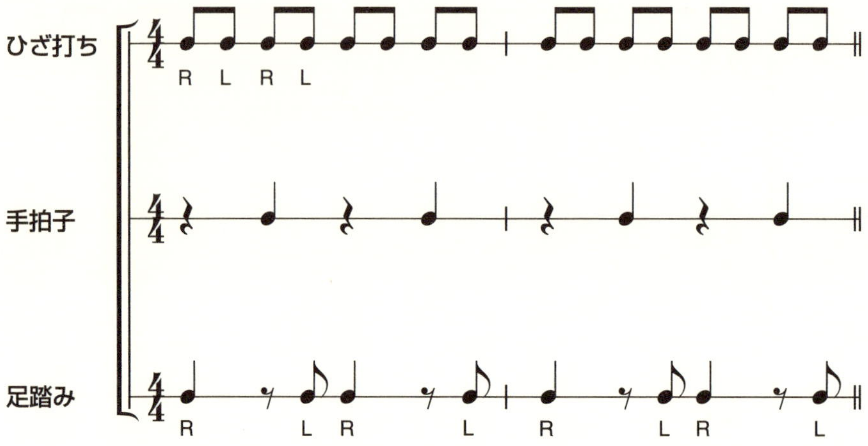
ひざ打ち
R L R L
手拍子
足踏み
R L R L R L R L

ロック　2

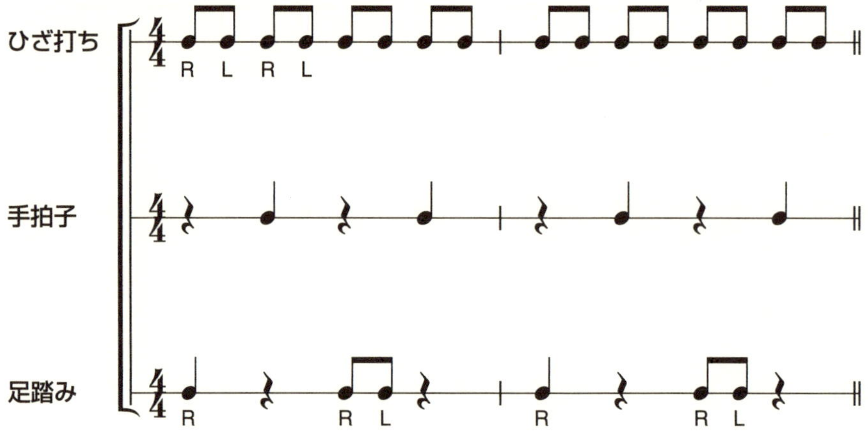
ひざ打ち
R L R L
手拍子
足踏み
R R L R R L

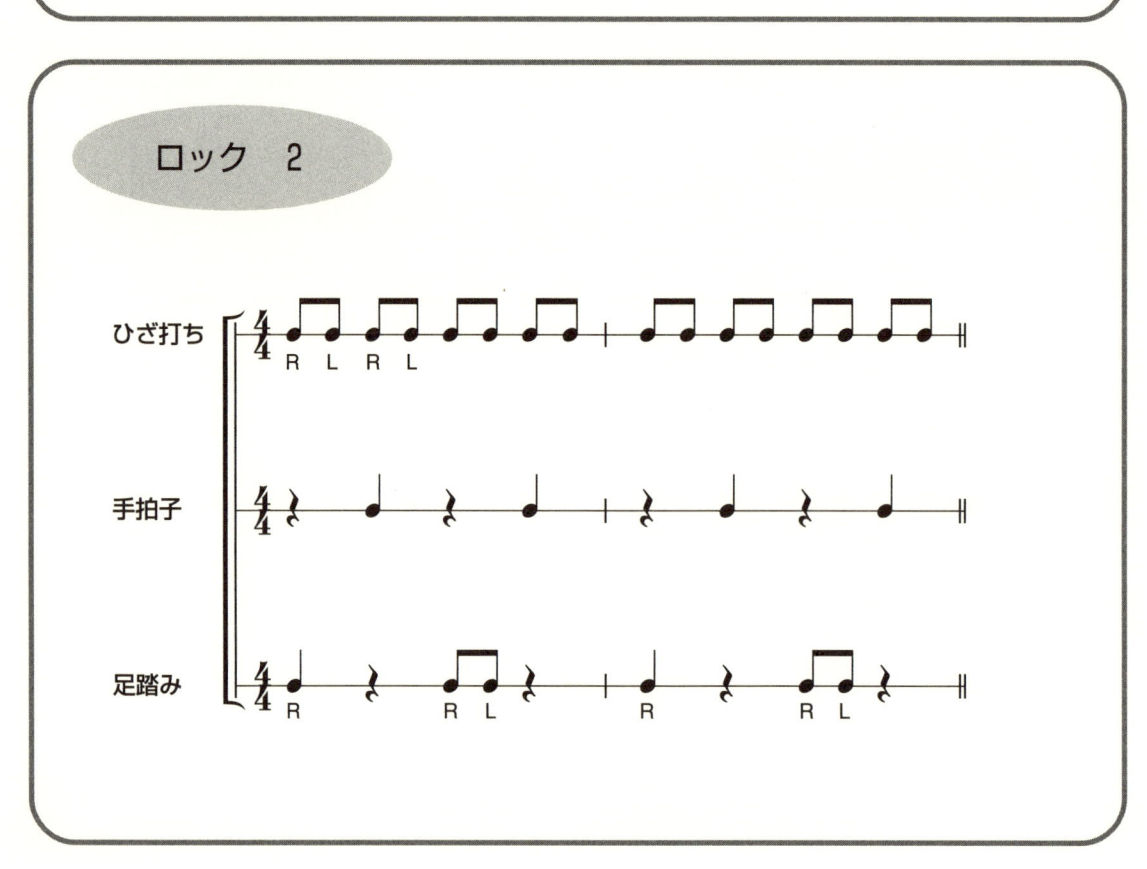

ワルツ　1

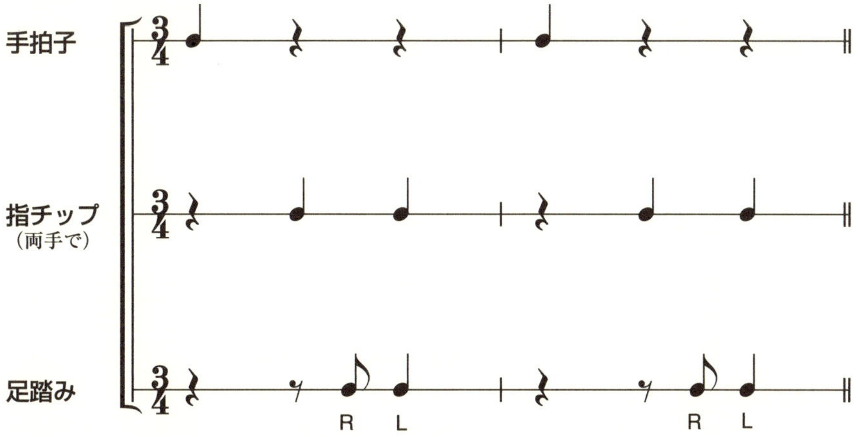
手拍子
指チップ
（両手で）
足踏み
R L R L

ワルツ　2

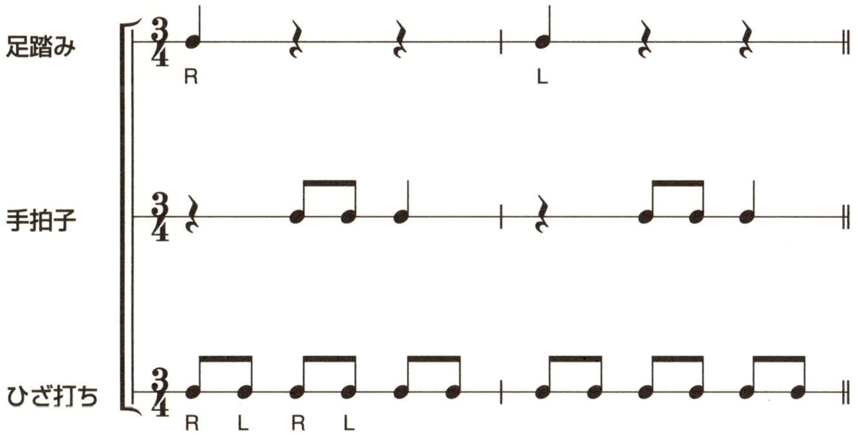
足踏み
R L
手拍子
ひざ打ち
R L R L

和太鼓風

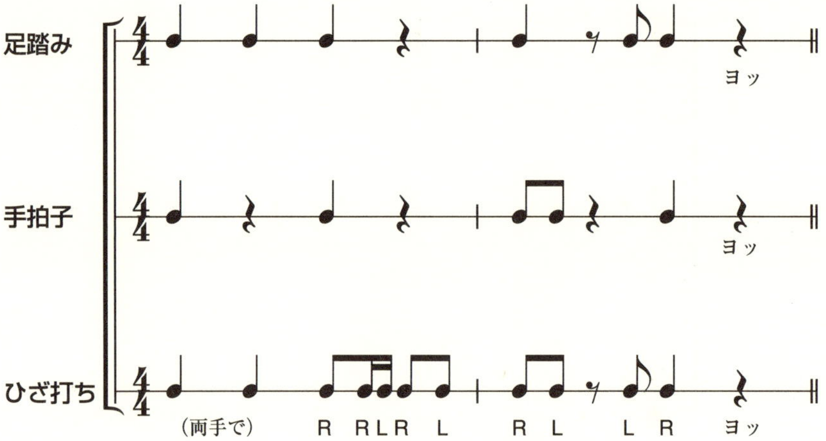

全体に明るく元気よく、ひざ打ちのリズムは歯切れよく演奏してみましょう。かけ声の「ヨッ」で、次への弾みをつけます。

第3章

ボディパーカッション・アンサンブル［初級］

「花火」について

「花火」は５つのパートに分かれて、４小節のリズム・パターン（**譜例**）を繰り返すやさしい曲です。前半は、順々に各パートが重なって大きな音になり、後半は、順々にパートが減って小さな音になり、最後に全員で大きな「花火」を打ち上げるという構成です。

ビギナーズ・コース（楽譜56・57ページ）

このビギナーズ・コースは４小節遅れのカノンなので、最もやさしいバージョンです。小学校低学年、養護学校、幼稚園、保育園などでも簡単に取り組めます。なお、２種類の楽譜を掲載したので、使いやすい方を使ってください。

実際の演奏では、譜例のリズム・パターンを各パートが８回繰り返し演奏します。その時、３小節目の部分は、前半の４回ではひざ打ちを行い、後半の４回では足踏みになります。他は、すべて手拍子によるリズム打ちです。

コーダ（曲の終わりの部分）の12小節では、最初の８小節を *pp* で演奏しますが、その間に各グループは足踏みをしながら徐々に腰を落し、図１のように一つの円になります。８小節目は中腰のまま手拍子をして、そのまま両手を上げて小さな打ち上げ花火を表します。最後の４小節では、前半の２小節を *f* で演奏し、後半の２小節を *ff* で演奏します。そして最後の付点２分音符は、いちばん大きな音の手拍子とともに「パーン！」とはじけるように声を出し、同時に立ち上がって両手を打ち上げ花火のように高く伸ばします。

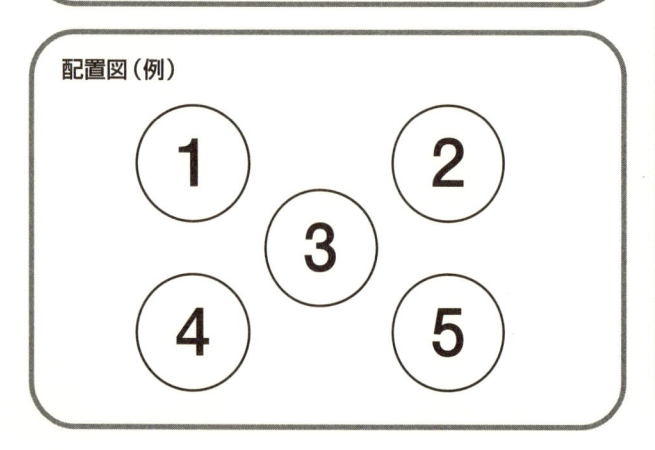

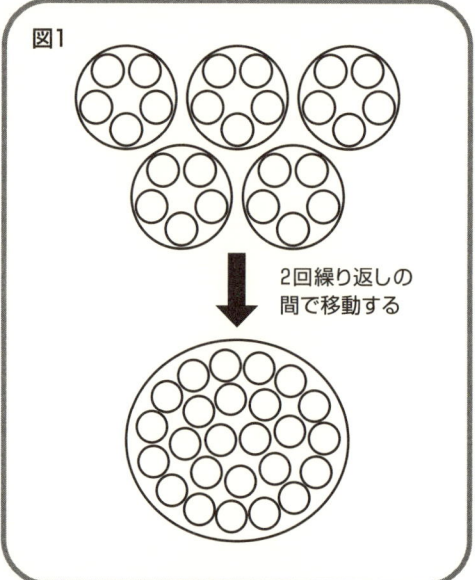

リズム・パターン

配置図（例）

図1

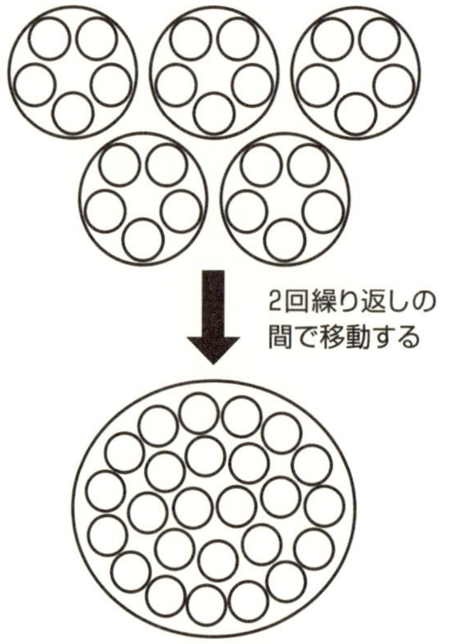

バージョン1（楽譜64·65ページ）

「花火」バージョン１は、１小節遅れのカノンなので、ビギナーズ・コースよりは少し難しくなります。しかし、各パートとも４小節のリズム・パターンを繰り返すだけですから、集中して行えば難なく演奏できるでしょう。注意することは、リズム・パターンの３小節目が、ビギナーズ・コースでは４拍目が４分音符になっていますが、このバージョン１では８分音符２つになっていることです。

その３小節目は、前半の３回は座ってひざ打ちを行い、中間部の５回は立ってひざ打ちをし、そして後半の４回は足踏みになります。他は、ビギナーズ・コースと同じように、すべて手拍子によるリズム打ちです。

コーダ12小節の演奏・演技は、ビギナーズ・コースとまったく同じです。なお、ここでも２種類の楽譜を掲載したので、使いやすい方を使ってください。

バージョン2（楽譜71ページ）

この「花火」バージョン２は、各パートがアドリブ（即興）演奏を交替で行う部分がつくという構成になっています。

実際の演奏では、１パートから順にアドリブで演奏します。最初の２小節を手拍子で打っている間に、アドリブをするパートは中央に作った花道へ移動して、アドリブに入ります。２小節間のアドリブが終わったら、次の２小節の間に次のパートと入れ替わります（図２）。これを最後のパートのアドリブまで２回繰り返し、「花火」バージョン１と同じ演奏に入ります。

アドリブ・パート以外のパートは、花道の両側にバランスよく並び、アドリブ・パートを引き立てます。

図2　アドリブ演奏の交替の仕方（例）
（舞台の上手から下手に向かい順に並んだ場合）

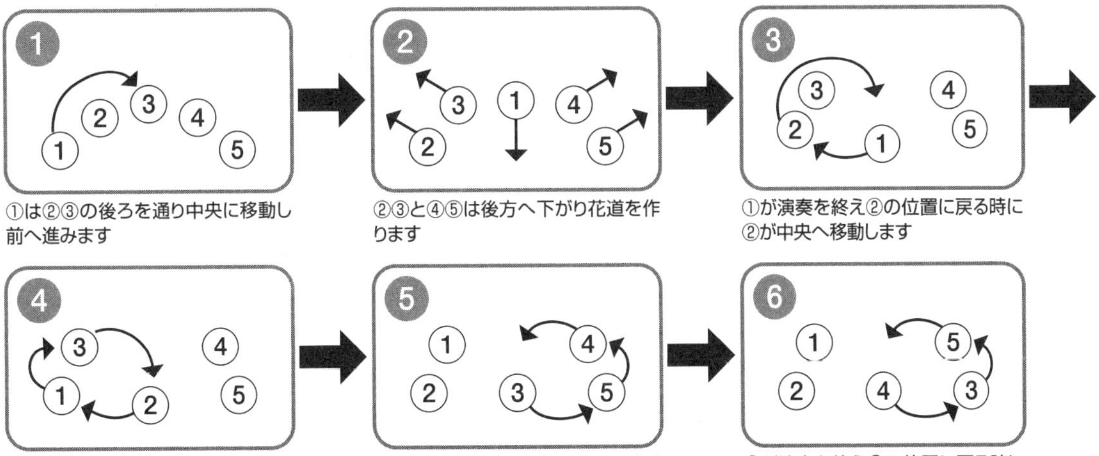

①は②③の後ろを通り中央に移動し前へ進みます

②③と④⑤は後方へ下がり花道を作ります

①が演奏を終え②の位置に戻る時に②が中央へ移動します

②が演奏を終え①の位置に戻る時に③が中央へ移動します

③は演奏を終えると⑤の位置に移動し④が中央へ進みます

④が演奏を終え③の位置に戻る時に⑤が中央へ進みます

花火

ビギナーズ・コース（5グループの場合）

山田俊之　作曲

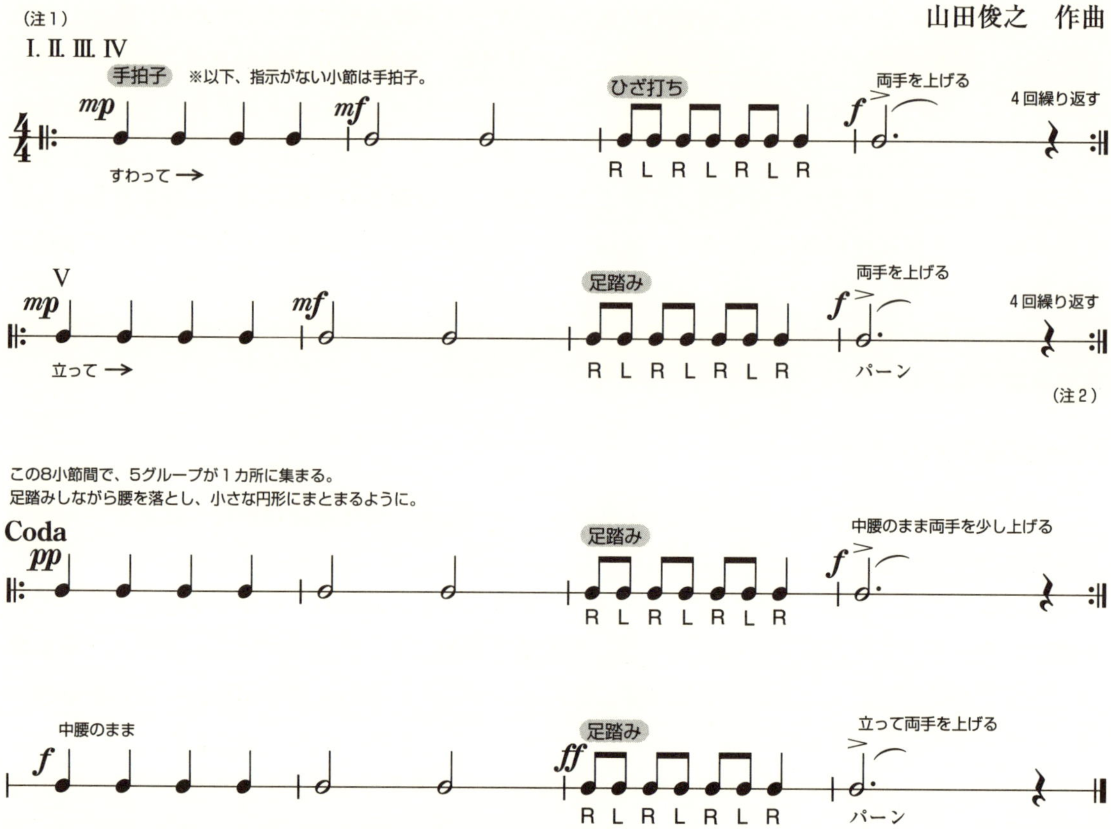
（注1）
I. II. III. IV
手拍子
※以下、指示がない小節は手拍子。
mp
mf
ひざ打ち
f
両手を上げる
4回繰り返す
すわって →
R L R L R L R
V
mp
mf
足踏み
f
両手を上げる
4回繰り返す
立って →
R L R L R L R
パーン
（注2）
この8小節間で、5グループが1カ所に集まる。
足踏みしながら腰を落とし、小さな円形にまとまるように。
Coda
pp
足踏み
f
中腰のまま両手を少し上げる
R L R L R L R
中腰のまま
f
足踏み
ff
立って両手を上げる
R L R L R L R
パーン

（注1）1パート、2パート、3パートと、5つのパートが順々に4小節遅れで演奏に入る。

（注2）最後の5パートが終わったら、全パートが一斉にコーダに入る。他のパートはそれまで休み。

パーン！

花火

ビギナーズ・コース（5グループの場合）

山田俊之　作曲

※ ひざ(=ひざ打ち)と足(=足踏み)は、すべて左右交互に。

mp
mf
ひざ
両手を上げる
f
mp
mf
ひざ
f
mp
mf
ひざ
f
すわって→
R L R L R L R

mp
mf
ひざ
両手を上げる
f
mp
mf
ひざ
f
mp
mf
ひざ
f
mp
mf
ひざ
f
すわって→
R L R L R L R

B
両手を上げる
足
ひざ
mp
mf
f
立って→
R L R L R L R
パーン
すわって→

両手を上げる
足
ひざ
mp
mf
f
パーン
立って→
R L R L R L R

両手を上げる
mp
mf
足
f
パーン
mp
mf
足
f
パーン
mp
mf
足
f
立って→
R L R L R L R
パーン
mp
mf
ひざ
f
mp
mf
ひざ
f

両手を上げる
mp
mf
足
f
パーン
mp
mf
足
f
パーン
mp
mf
足
f
パーン
mp
mf
足
f
立って→
R L R L R L R
パーン
mp
mf
ひざ
f

両手を上げる
mp
mf
足
f
パーン
mp
mf
足
f
パーン
mp
mf
足
f
パーン
mp
mf
足
f
パーン
立って→
R L R L R L R

両手を上げる
mp
mf
足
f
パーン
mp
mf
足
f
パーン
mp
mf
足
f
パーン

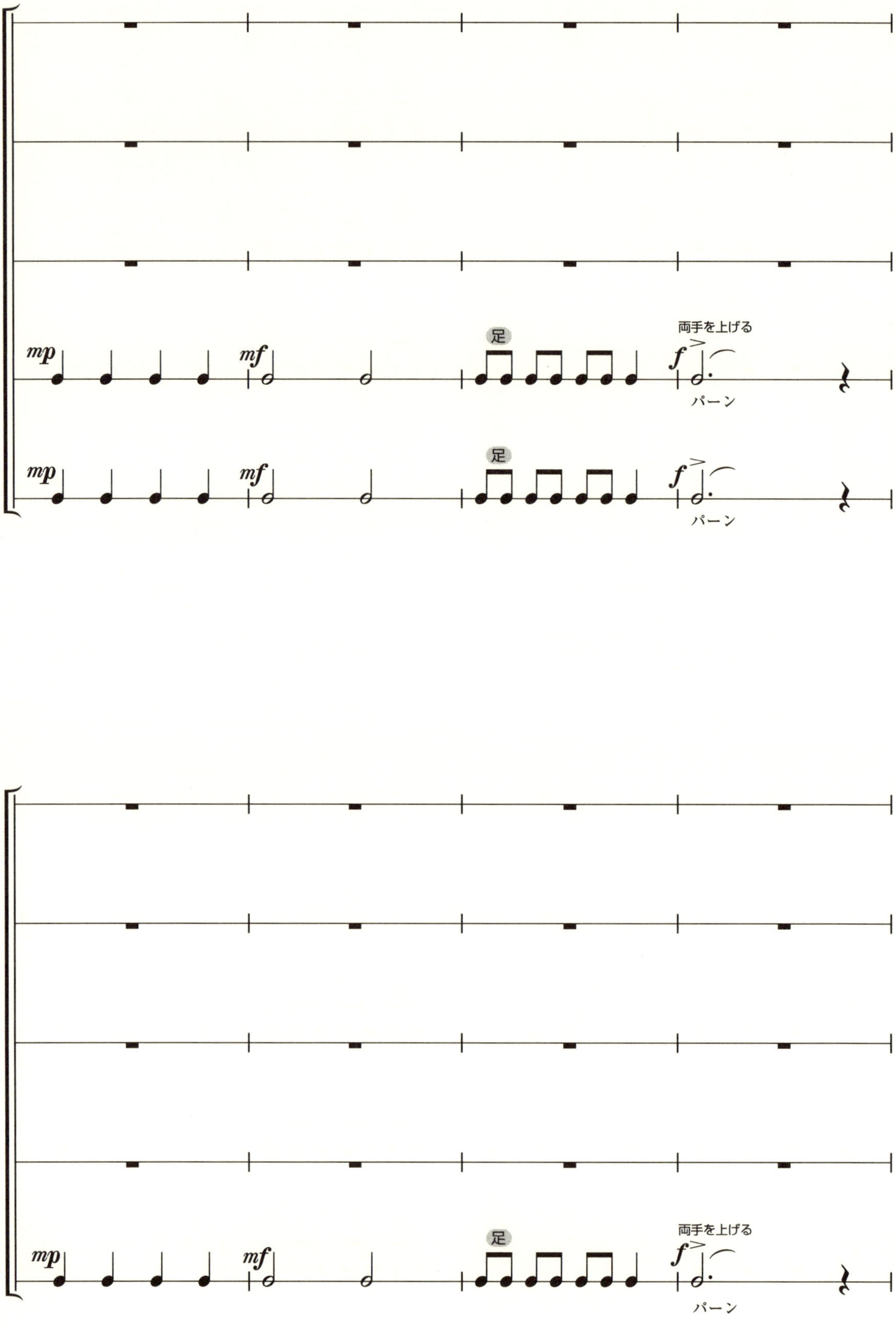
mp
mf
足
両手を上げる
f
パーン
mp
mf
足
f
パーン
mp
mf
足
両手を上げる
f
パーン

この8小節間で、5グループが１カ所に集まる。
足踏みしながら腰を落とし、小さな円形にまとまるように。

Coda
中腰のまま両手を少し上げる
pp
足
R L R L R L R

中腰のまま
立って両手を上げる
f
ff
足
R L R L R L R
パーン

花火

バージョン1（5グループの場合）

山田俊之　作曲

（注1）1パート、2パート、3パートと、5つのパートが順々に1小節遅れで演奏に入る。

（注2）最後の5パートが終わったら、全パートが一斉にコーダに入る。他のパートはそれまで休み。

花火

バージョン1（5グループの場合）

山田俊之　作曲

※ ひざ（＝ひざ打ち）と足（＝足踏み）は、すべて左右交互に。

mp
mf
ひざ
両手を上げる
f
両手を上げる
f
mp
mf
ひざ
ひざ
両手を上げる
f
mp
mf
mf
ひざ
両手を上げる
f
mp
mp
mf
ひざ
両手を上げる
f
R L R L R L R L

B
mp
立って →
mf
ひざ
両手を上げる
f
両手を上げる
f
mp
立って →
mf
ひざ
ひざ
両手を上げる
f
mp
立って →
mf
mf
ひざ
両手を上げる
f
mp
立って →
mp
mf
ひざ
両手を上げる
f

mp
mf
ひざ
両手を上げる
f
両手を上げる
f
mp
mf
ひざ
ひざ
両手を上げる
f
mp
mf
mf
ひざ
両手を上げる
f
mp
mp
mf
ひざ
両手を上げる
f
立って →

mp
mf
ひざ
両手を上げる
f
両手を上げる
f
mp
mf
ひざ
ひざ
両手を上げる
f
mp
mf
mf
ひざ
両手を上げる
f
mp
mp
mf
ひざ
両手を上げる
f

mp
mf
ひざ
f
両手を上げる
ひざ
両手を上げる
ひざ
両手を上げる
ひざ
両手を上げる
ひざ
両手を上げる

C
mp
mf
足
R L R L R L R L
f
両手を上げる
パーン
両手を上げる
足
R L R L R L R L
ひざ
両手を上げる
ひざ
両手を上げる
ひざ
両手を上げる

両手を上げる
3回繰り返す
足
mp
mf
f
パーン
R L R L R L R L

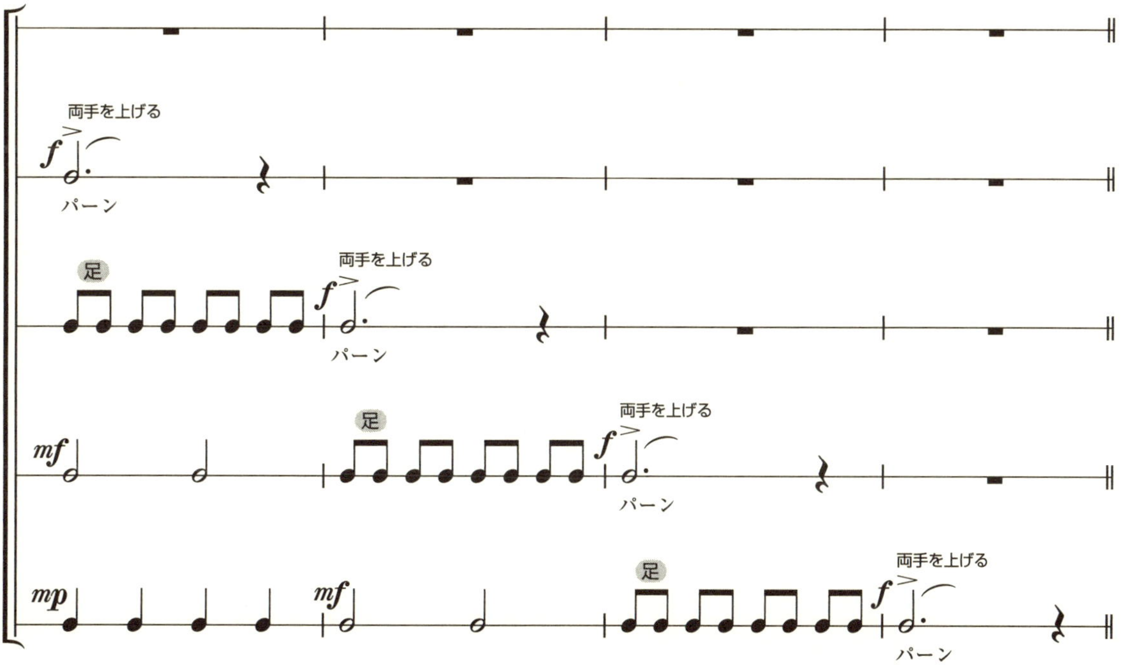
両手を上げる
足
mp
mf
f
パーン

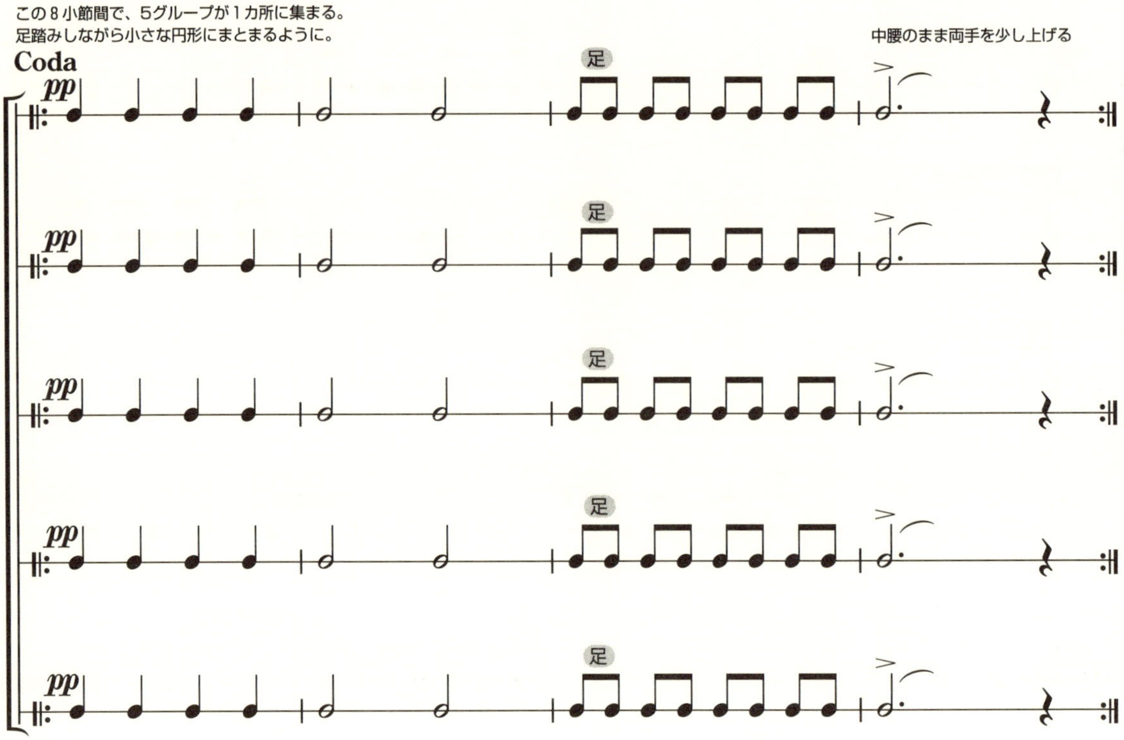
この８小節間で、５グループが１カ所に集まる。
足踏みしながら小さな円形にまとまるように。
中腰のまま両手を少し上げる
Coda
pp
足
pp
足
pp
足
pp
足
pp
足

中腰のまま
立って両手を上げる
f
ff
足
パーン
f
ff
足
パーン
f
ff
足
パーン
f
ff
足
パーン
f
ff
足
パーン

花火

バージョン2（5グループの場合）

山田俊之　作曲

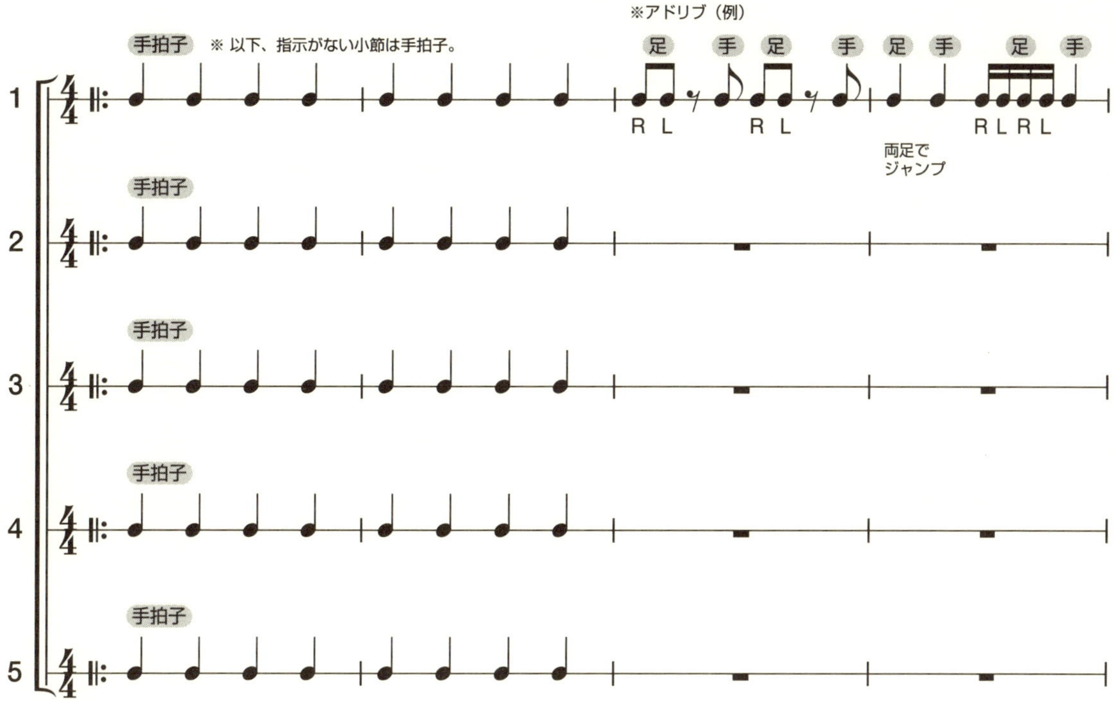

※ 足＝足踏み、手＝手拍子、ひざ＝ひざ打ち。

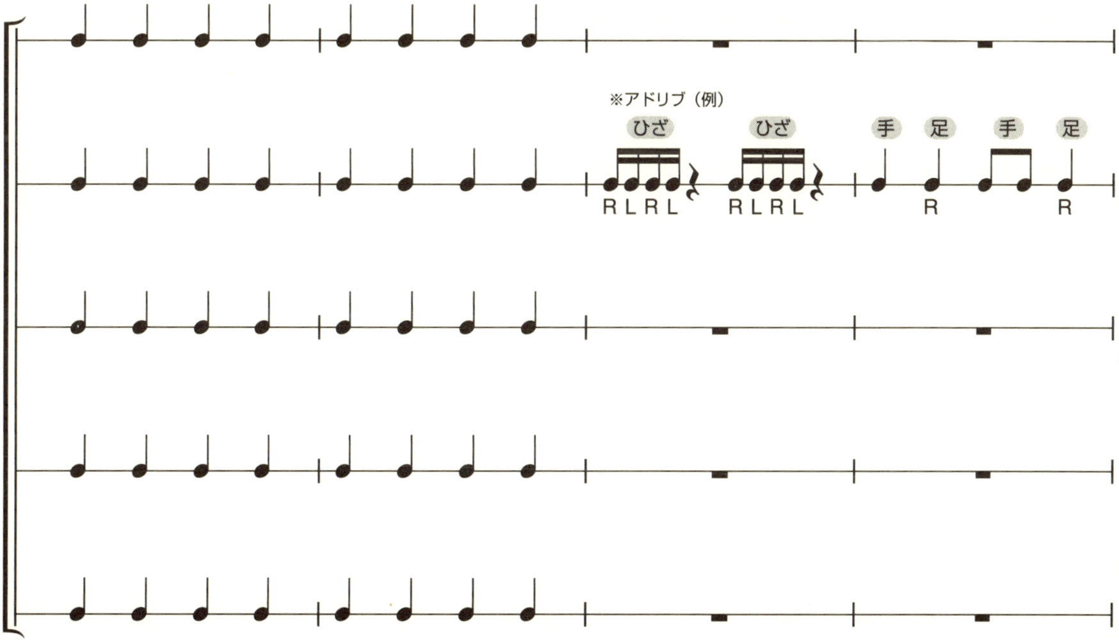

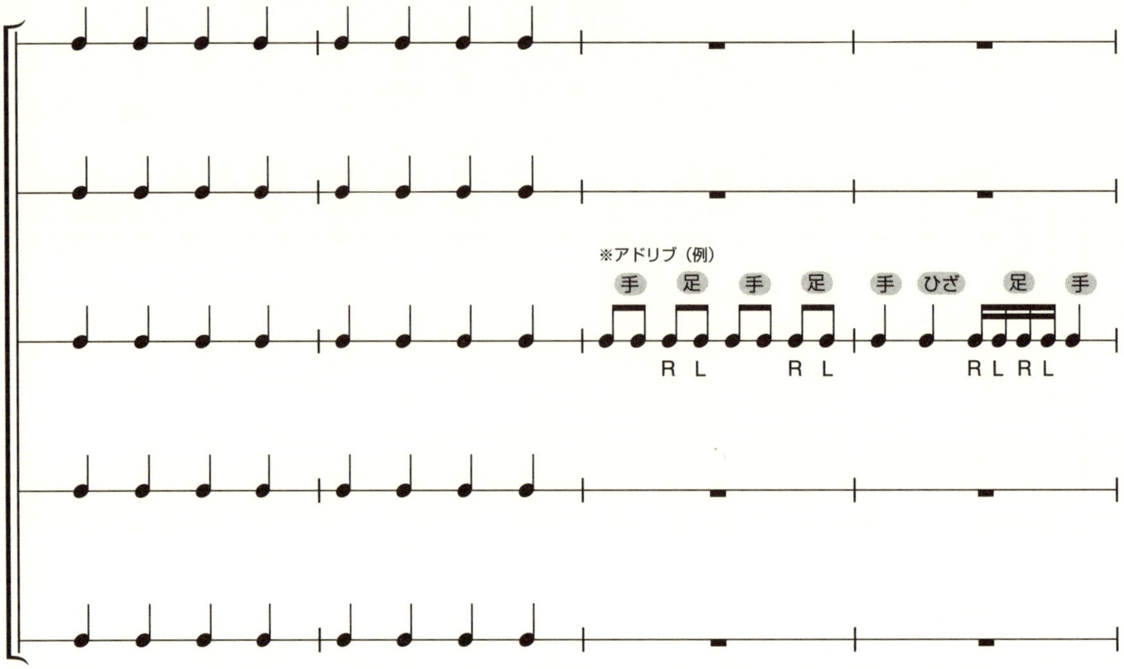
※アドリブ（例）
手 足 手 足 手 ひざ 足 手
R L R L R L R L

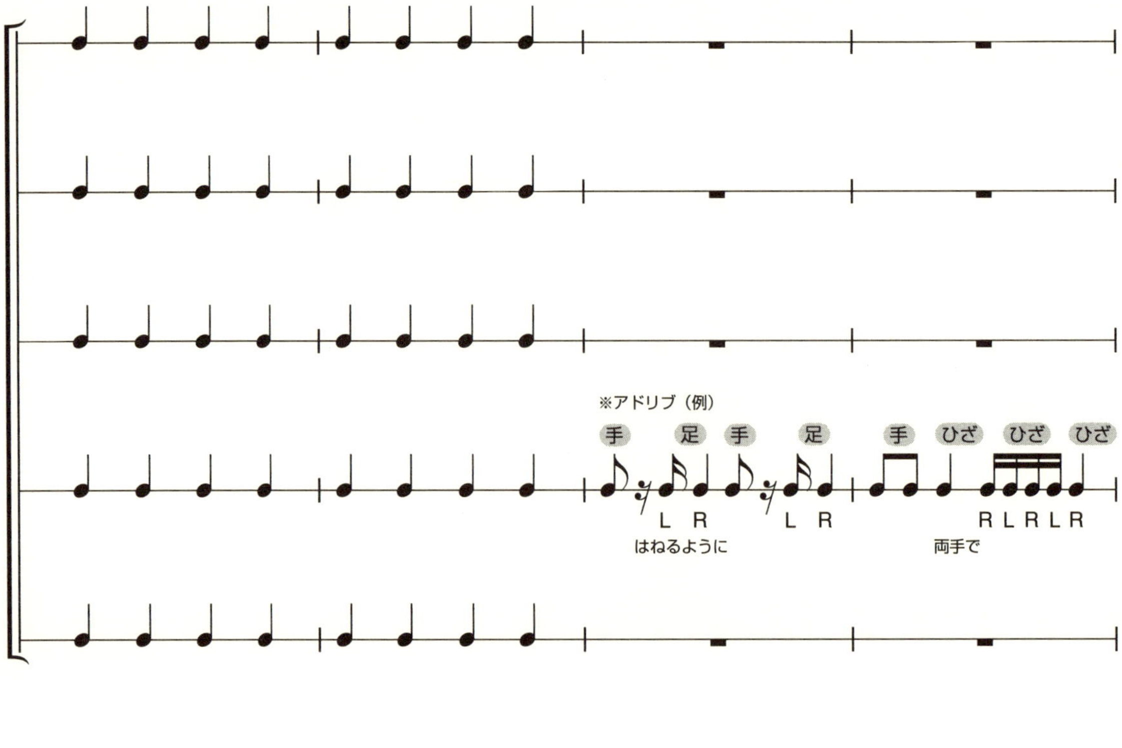
※アドリブ（例）
手 足 手 足 手 ひざ ひざ ひざ
L R L R R L R L R
はねるように
両手で

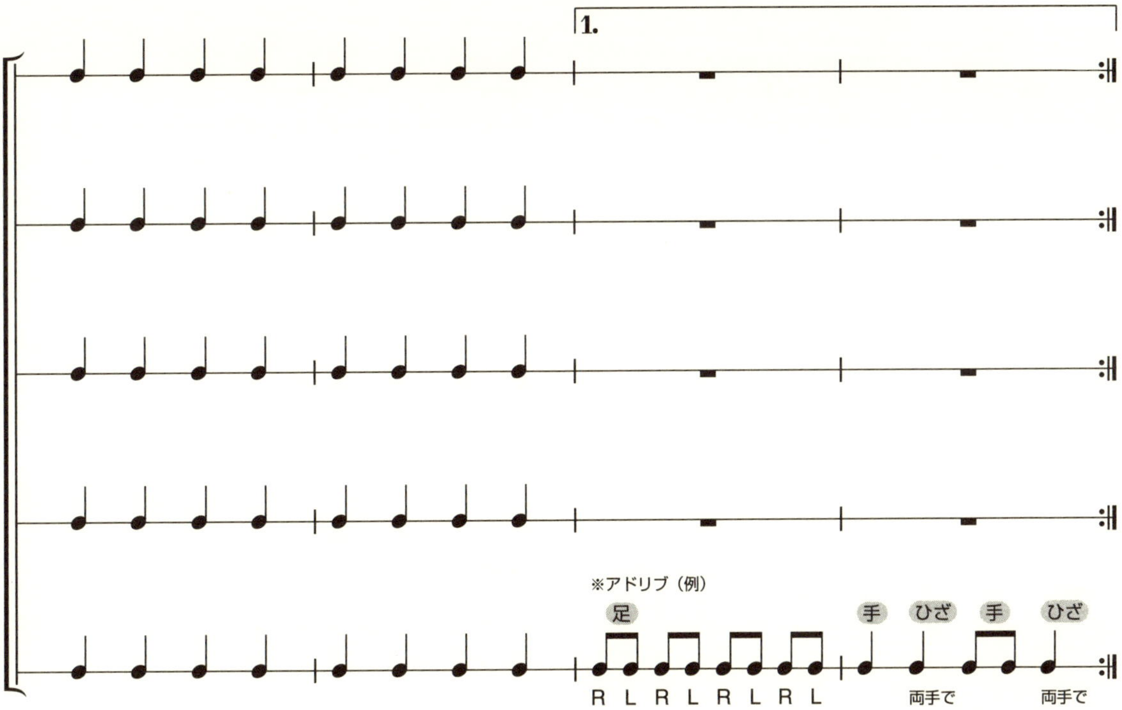

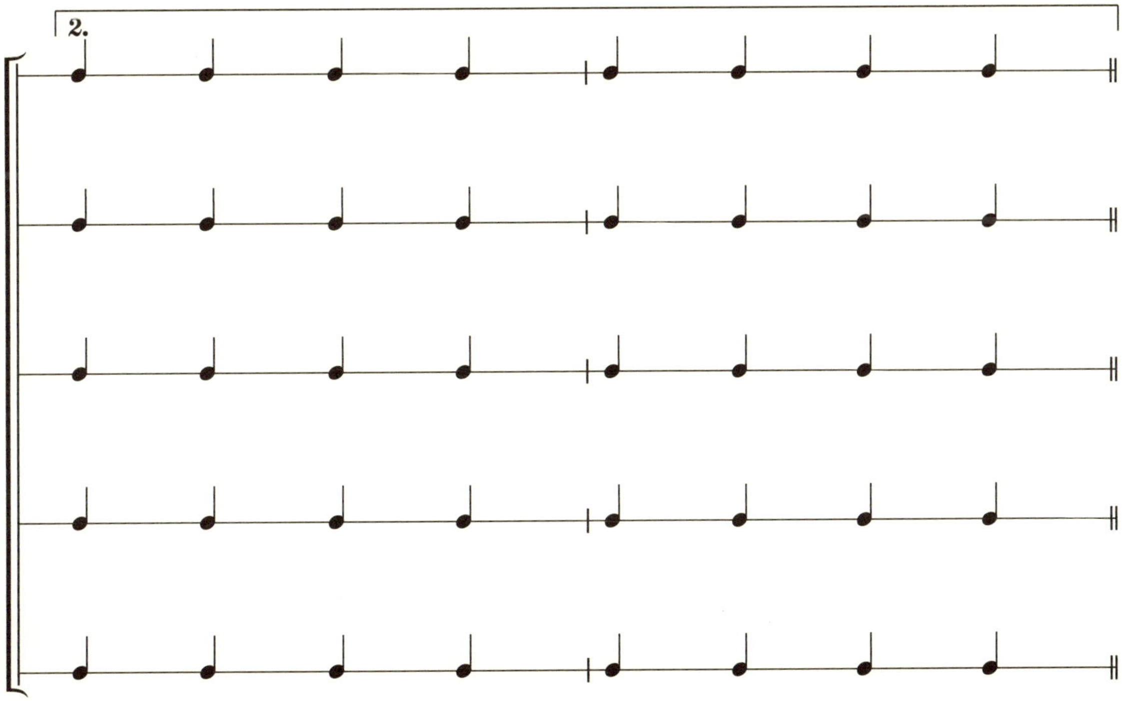

※ 以下、「花火」バージョン1と同じ。

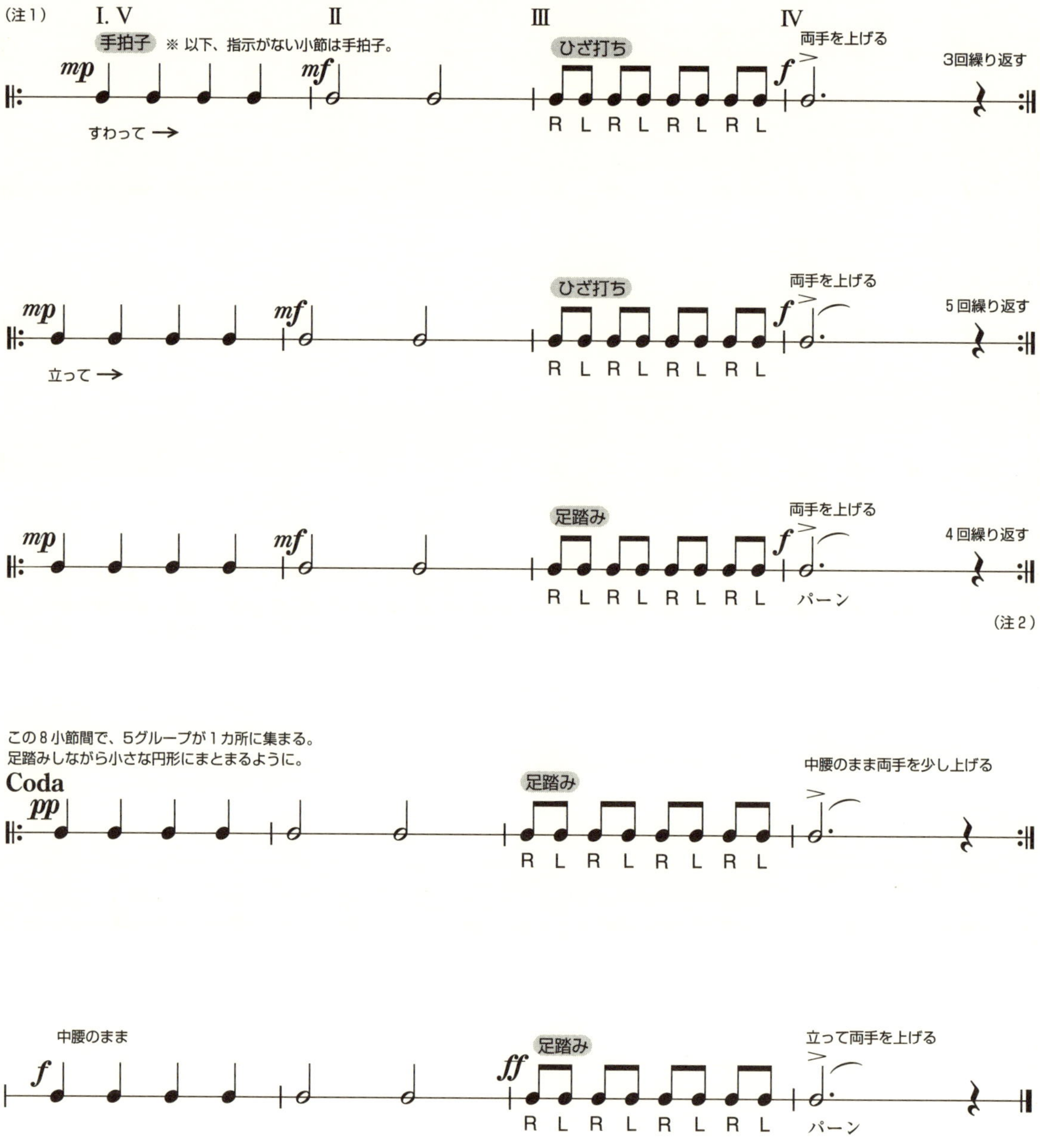

（注1）1パート、2パート、3パートと、5つのパートが順々に1小節遅れで演奏に入る。

（注2）最後の5パートが終わったら、全パートが一斉にコーダに入る。他のパートはそれまで休み。

「カノン形式による手拍子アンサンブル」1・2・3について

曲目解説（楽譜76ページ）

「カノン形式による手拍子アンサンブル」1・2・3は、それぞれ4小節のリズム・パターン（譜例）から成り、3つのパートが1小節遅れで演奏していくカノンです。最後に、2小節のコーダ（曲の終わりの部分）が付いています。

実際の演奏では、3曲とも4小節のリズム・パターンを4回繰り返しますが、それぞれのパートには休符があり、その時は必ずどこかのパートがリズムを打っているので、次に入る時にそのテンポに合わせてリズム打ちができるようにしましょう。全パートが4回繰り返した後に、2小節のコーダを演奏して曲を終えます。

この3曲には、これからボディパーカッションに取り組もうとする時に必要な、「自分のリズムをしっかり打つ」、「相手の音を聞いてアンサンブルをする」ための集中力を養うなど、基本的な要素がちりばめられています。手拍子アンサンブルの練習曲として最適です。

手拍子の打ち方について

手拍子の打ち方に特別なルールはありませんが、手拍子はボディパーカッションにとって大変重要な楽器です。そこで、特に注意をしておきたいポイントをいくつか紹介します。

○手拍子を打った瞬間に「熱いものに触れた」ような感じで打つ。

○いちばん大きな音が出る打ち方を工夫をする。

○見ている人（観客）にも打っているのが分かるように打つ。

「カノン形式による手拍子アンサンブル」1

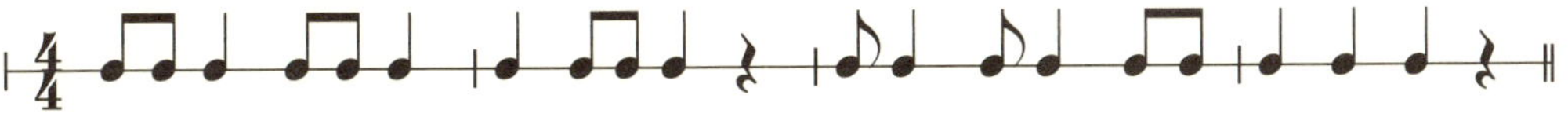

「カノン形式による手拍子アンサンブル」2

「カノン形式による手拍子アンサンブル」3

カノン形式による手拍子アンサンブル 1

山田俊之　作曲

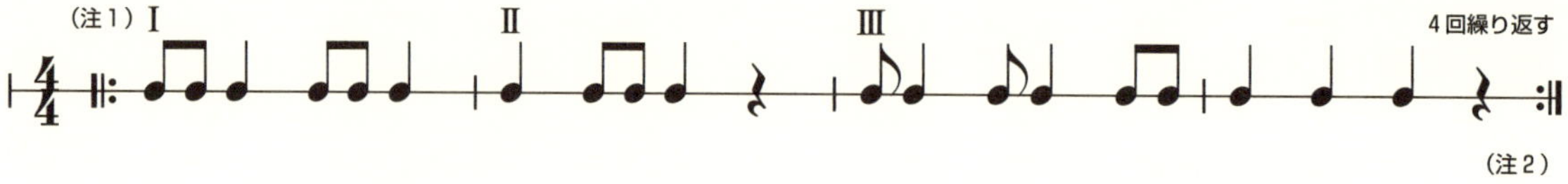

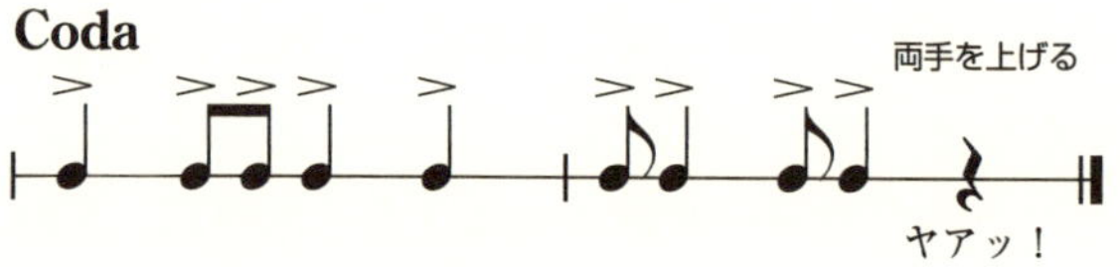

カノン形式による手拍子アンサンブル 2

山田俊之　作曲

カノン形式による手拍子アンサンブル 3

山田俊之　作曲

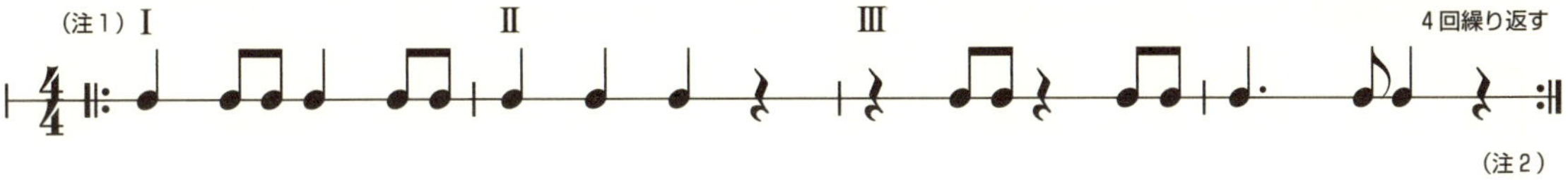

（注1）１パートから順々に１小節遅れで演奏に入る。

（注2）最後の３パートが終わったら、全パートが一斉にコーダに入る。
他のパートはそれまで休み。

手拍子の花束

バージョン1（基本形）

山田俊之　作曲

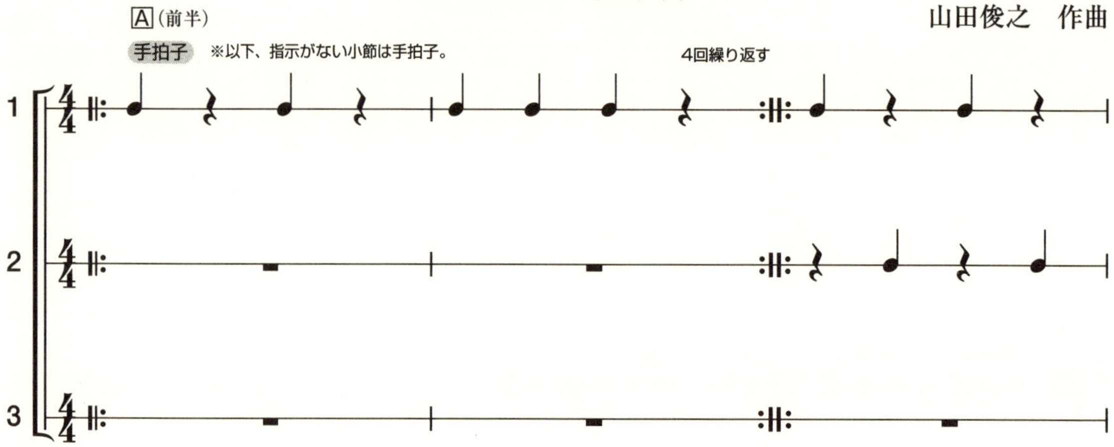

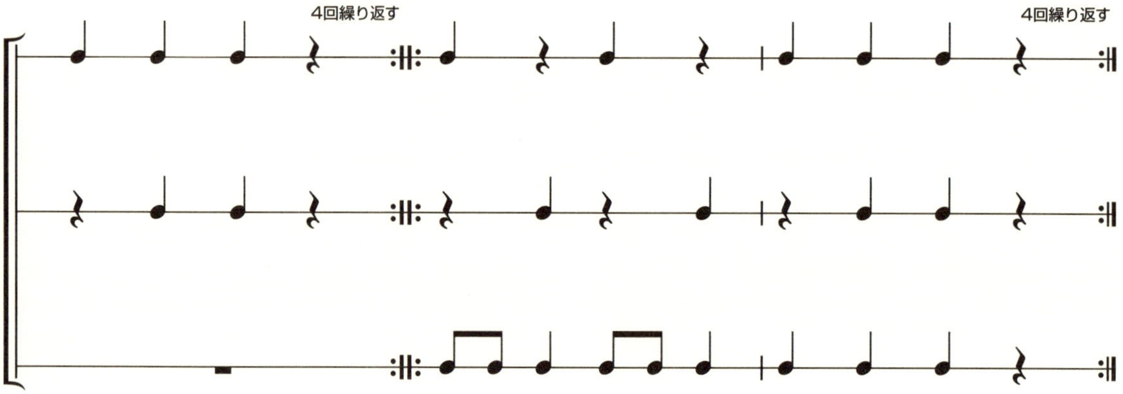

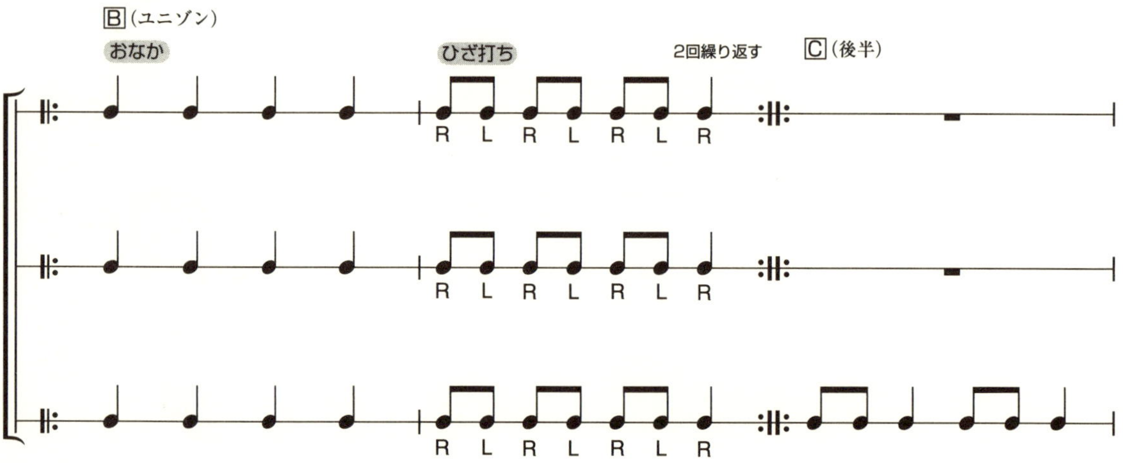

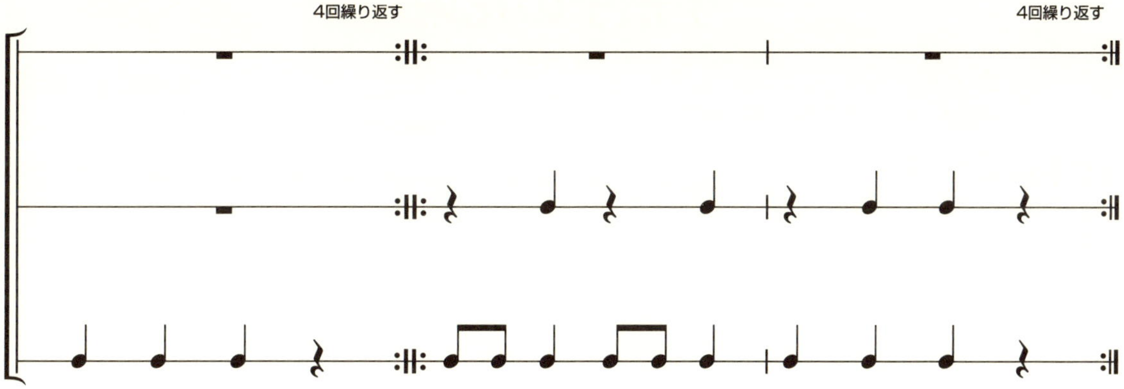
4回繰り返す
4回繰り返す

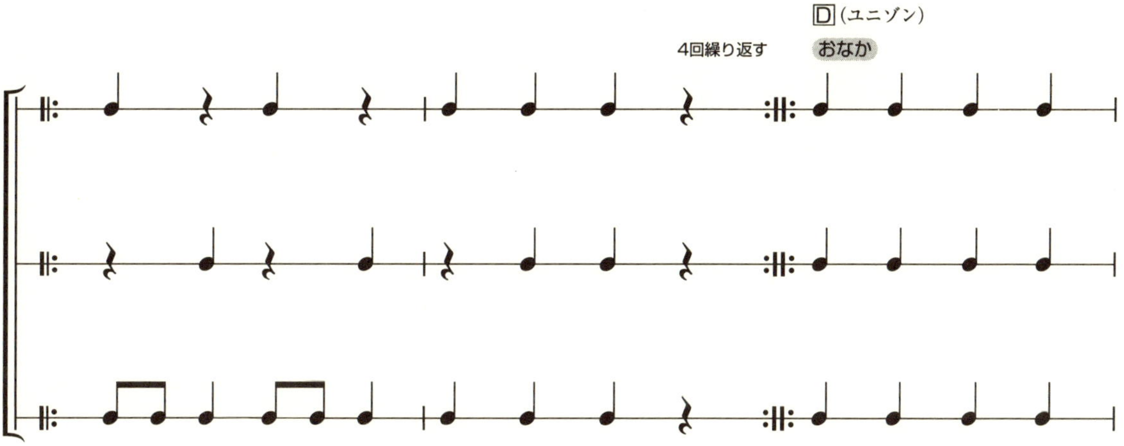
4回繰り返す
D (ユニゾン)
おなか

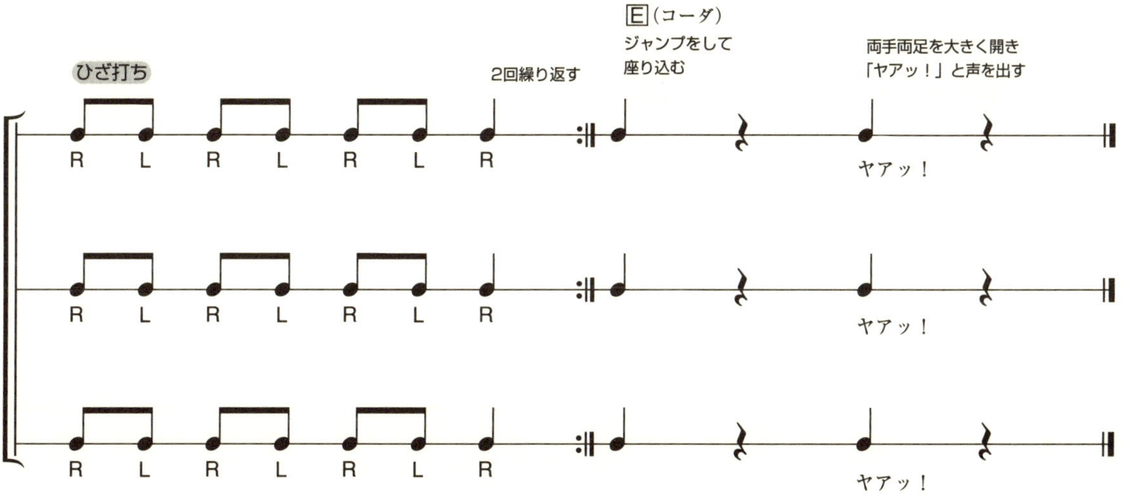
ひざ打ち
2回繰り返す
E (コーダ)
ジャンプをして
座り込む
両手両足を大きく開き
「ヤアッ！」と声を出す
R L R L R L R
ヤアッ！
R L R L R L R
ヤアッ！
R L R L R L R
ヤアッ！

手拍子の花束

バージョン2（4パートに分ける）

山田俊之　作曲

4回繰り返す
4回繰り返す
4回繰り返す
4回繰り返す
D (ユニゾン)
おなか
ひざ打ち
2回繰り返す
E (コーダ)
ジャンプをして
座り込む
両手両足を大きく開き
「ヤアッ！」と声を出す
R L R L R L R
ヤアッ！
R L R L R L R
ヤアッ！
R L R L R L R
ヤアッ！
R L R L R L R
ヤアッ！

手拍子の花束

バージョン3（アドリブを入れてみよう！）

山田俊之　作曲

C(後半)
4回繰り返す
4回繰り返す
4回繰り返す
4回繰り返す
D(ユニゾン)
おなか
ひざ打ち
2回繰り返す
E(アドリブ)
R L R L R L R
ヘイ ヘイ ヘイ ヘイ ヘイ ヘイ ヘイ ヘイ
R L R L R L R
ヘイ ヘイ ヘイ ヘイ ヘイ ヘイ ヘイ ヘイ
R L R L R L R
ヘイ ヘイ ヘイ ヘイ ヘイ ヘイ ヘイ ヘイ
R L R L R L R
ヘイ ヘイ ヘイ ヘイ ヘイ ヘイ ヘイ ヘイ

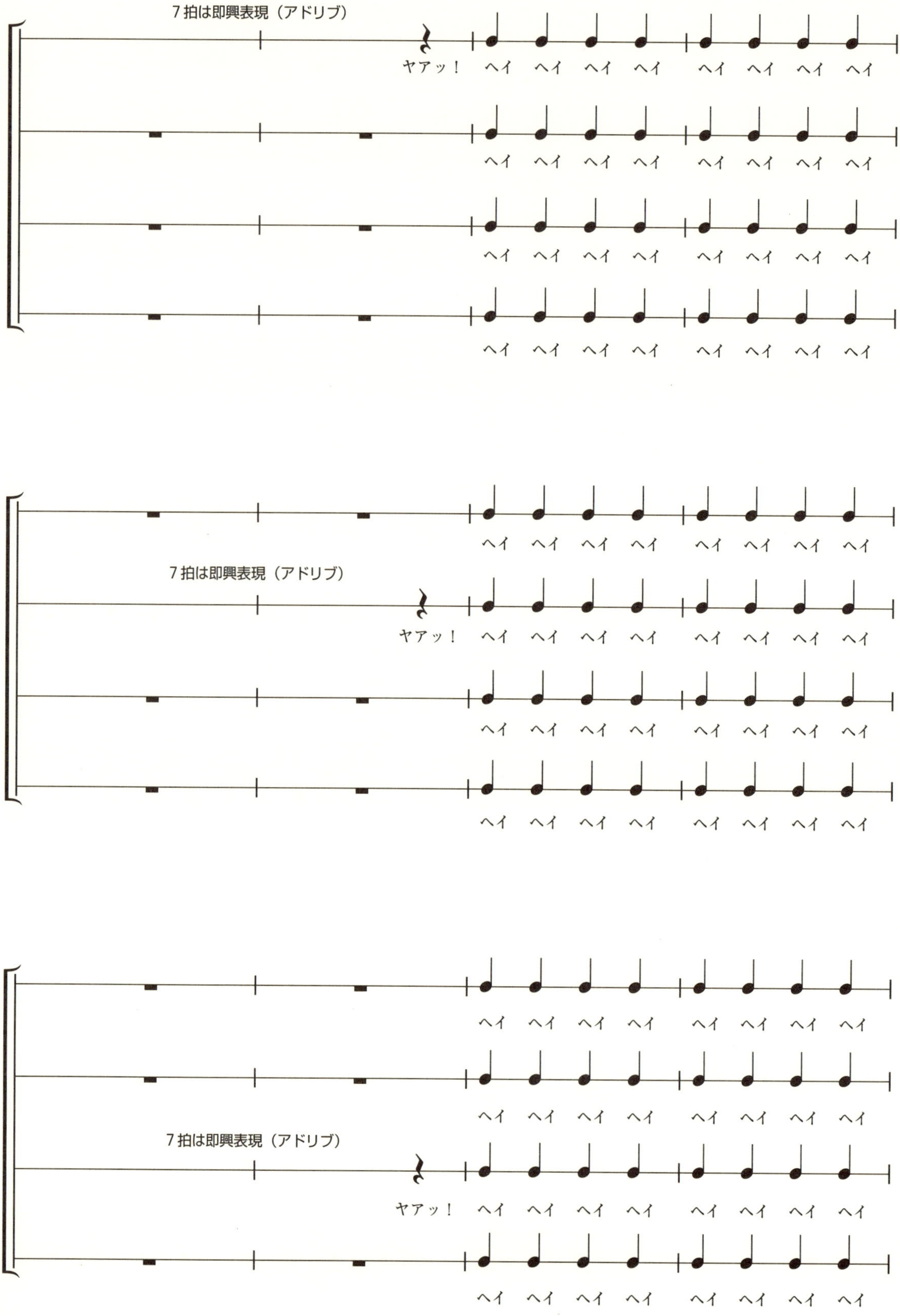
7拍は即興表現（アドリブ）
ヤアッ！ ヘイ ヘイ ヘイ ヘイ ヘイ ヘイ ヘイ ヘイ
ヘイ ヘイ ヘイ ヘイ ヘイ ヘイ ヘイ ヘイ
ヘイ ヘイ ヘイ ヘイ ヘイ ヘイ ヘイ ヘイ
ヘイ ヘイ ヘイ ヘイ ヘイ ヘイ ヘイ ヘイ
ヘイ ヘイ ヘイ ヘイ ヘイ ヘイ ヘイ ヘイ
7拍は即興表現（アドリブ）
ヤアッ！ ヘイ ヘイ ヘイ ヘイ ヘイ ヘイ ヘイ ヘイ
ヘイ ヘイ ヘイ ヘイ ヘイ ヘイ ヘイ ヘイ
ヘイ ヘイ ヘイ ヘイ ヘイ ヘイ ヘイ ヘイ
ヘイ ヘイ ヘイ ヘイ ヘイ ヘイ ヘイ ヘイ
ヘイ ヘイ ヘイ ヘイ ヘイ ヘイ ヘイ ヘイ
7拍は即興表現（アドリブ）
ヤアッ！ ヘイ ヘイ ヘイ ヘイ ヘイ ヘイ ヘイ ヘイ
ヘイ ヘイ ヘイ ヘイ ヘイ ヘイ ヘイ ヘイ

ヘイ　ヘイ　ヘイ　ヘイ
ヘイ　ヘイ　ヘイ　ヘイ
ヘイ　ヘイ　ヘイ　ヘイ
7拍は即興表現（アドリブ）
ヤアッ！　ヘイ　ヘイ　ヘイ　ヘイ
F（コーダ）
4回繰り返す
ヘイ　ヘイ　ヘイ　ヘイ
ヘイ　ヘイ　ヘイ　ヘイ
ヘイ　ヘイ　ヘイ　ヘイ
ヘイ　ヘイ　ヘイ　ヘイ
（ユニゾン）
おなか
ひざ打ち
2回繰り返す
ジャンプをして
座り込む
両手両足を大きく開き
「ヤアッ！」と声を出す
R L R L R L R
ヤアッ！
R L R L R L R
ヤアッ！
R L R L R L R
ヤアッ！
R L R L R L R
ヤアッ！

■「手拍子の花束」について■

「手拍子の花束」は、パートごとに異なる２小節のリズム・パターンを８小節遅れで重ねていく曲です。中間部には４小節のユニゾンがあり、後半では最初とは反対に３パートあるいは４パートから演奏を始め、最後は再び４小節のユニゾンを演奏し「ヤアッ！」と声を出しながら、「花火」と同じように両手を上げて曲を終えます。

バージョン1（楽譜78ページ）

この曲の原形です。全体を３つのパートに分けて演奏する簡単な曲の構成となっていますから、幼児から高齢者まで簡単に取り組める曲です。

バージョン2（楽譜80ページ）

バージョン１にもう１つのパートを加えて４つのパートになっています。曲の構成は変わりませんが、２パートのリズム・パターンが少し変化し、パート数が増えただけアンサンブルが少し複雑になっています。小学校中学年から大人まで楽しめます。

バージョン3（楽譜82ページ）

バージョン２のコーダの前にアドリブを入れたものです。これにより、演奏者たちの工夫でよりオリジナリティあふれるボディパーカッションを作ることができます。ボディパーカッションに慣れているなら、小学校中学年から大人まで楽しめます。

なお、これらの曲についてより詳しく知りたい方は拙著『ボディパーカッション入門』（音楽之友社刊）をご覧ください。

著 者 紹 介

山田俊之 やまだ・としゆき

九州大谷短期大学教授。九州大学大学院人間環境学府博士後期課程満期修了（教育学）。九州大学教育学部非常勤講師、九州女子短期大学教授を経て現職。（一社）ボディパーカッション教育振興会理事代表。
1986 年、小学校教師のときにリズム身体活動「山ちゃんの楽しいリズムスクール」を始め「ボディパーカッション教育」を考案する。
2005 年に平成 17 年度小学校 3 年音楽科教科書「音楽のおくりもの」（教育出版）に『花火』、2013 年に平成 24 年度特別支援教育用中学部音楽科教科書「音楽☆☆☆☆」（文部科学省編集）に『手拍子の花束』が採用される。
2009 年「聴覚障害があっても音楽は楽しめる～言葉の壁を越えたボディパーカッション教育～」が NHK 障害福祉賞最優秀賞を受賞。2011 年、読売教育賞最優秀賞（特別支援教育部門）を受賞。
2001、2004、2006 年に NHK 交響楽団トップメンバーと「クラシックの名曲でボディパーカッション」を企画・共演し、その指揮を務める。現在、日本国内のみならず、オーストリア（2017、2018 年ウィーン国立歌劇場）での作品発表、2015 年よりカンボジアへの教育支援など、世界規模でボディパーカッション教育の普及に努めている。また、現在も『教育音楽　小学版』の連載を執筆中。
著書：『〔音楽指導ハンドブック〕ボディパーカッション入門 体を使った新しいリズム表現』『体がすべて楽器です！楽しいボディパーカッション 1 リズムで遊ぼう』『同 2 山ちゃんのリズムスクール』『同 3 リズムで発表会』『体がすべて楽器です！ザ・ボディパーカッション　ほかほかパン屋さん』『同 ケチャ風お茶づけ』『同 B 級グルメパーティ』『決定版！すべての人におくるボディパーカッション BEST』『発表会を名曲で楽しく演出！ピアノ de ボディパーカッション』『行事が盛り上がる ！ 山ちゃんの楽しいボディパーカッション』（以上、音楽之友社）

●ボディパーカッション教育振興会へのお問い合わせ　body@tebyoushi.com

楽《たの》しいボディパーカッション①――リズムで遊《あそ》ぼう

2001 年 8 月20日　第 1 刷発行
2021 年10月31日　第23刷発行

著　者　山《やま》　田《だ》　俊《とし》　之《ゆき》
発行者　堀　内　久　美　雄
東京都新宿区神楽坂 6－30
発行所　株式会社　音 楽 之 友 社
電話03（3235）2111（代表）
振替00170－4－196250
郵便番号162－8716
編集協力・橋本将一
装丁・本文デザイン・組版＝椙澤清次郎
イラスト＝柳沢昭子／楽譜制作・組版＝MCS

印刷＝星野精版印刷／製本＝誠幸堂

日本音楽著作権協会（出）許諾番号第0108026-123号

落丁本・乱丁本はお取替えいたします。
Printed in Japan
ISBN978-4-276-31572-3　C1073